知识生产的原创基地
BASE FOR ORIGINAL CREATIVE CONTENT

新质生产力
企业手册
—— 新质商业方法论 ——

段积超 ◎ 著

NEW QUALITY
PRODUCTIVE FORCES
FOR ENTREPRENEURS
THE NEW BUSINESS METHODOLOGY

北京理工大学出版社
BEIJING INSTITUTE OF TECHNOLOGY PRESS

版权专有　侵权必究

图书在版编目（CIP）数据

新质生产力企业手册：新质商业方法论 / 段积超著. -- 北京：北京理工大学出版社，2024.4
ISBN 978-7-5763-3810-2

Ⅰ.①新… Ⅱ.①段… Ⅲ.①企业管理—手册 Ⅳ.① F272-62

中国国家版本馆 CIP 数据核字 (2024) 第 078193 号

责任编辑：王晓莉　　　　　　**文案编辑**：王晓莉
责任校对：周瑞红　　　　　　**责任印制**：施胜娟

出版发行 / 北京理工大学出版社有限责任公司
社　　址 / 北京市丰台区四合庄路 6 号
邮　　编 / 100070
电　　话 /（010）68944451（大众售后服务热线）
　　　　　　（010）68912824（大众售后服务热线）
网　　址 / http://www.bitpress.com.cn

版 印 次 / 2024 年 4 月第 1 版第 1 次印刷
印　　刷 / 涿州市京南印刷厂
开　　本 / 650 mm × 910 mm　1 / 16
印　　张 / 15.25
字　　数 / 200 千字
定　　价 / 89.00 元

图书出现印装质量问题，请拨打售后服务热线，负责调换

Praise 行业赞誉

（排名不分先后）

本书深入剖析了新质生产力，全面指导企业突破之策，为从文化吸引到互联变现、从经营系统打造到核心竞争力锻造提供了清晰的操作指南。尤其对于如何构建新质科技、数据和文化竞争力，还给出了独到的见解和实用的策略。本书内容深刻且实用，让人深受启发，是企业发展不可或缺的一本参考书，更是每位企业家、管理者都不应错过的佳作。

——朱学军　三川企业研究院院长

作者从解析新质生产力入手，用通俗易懂的语言告诉我们新质生产力在现代化产业体系中存在的意义和目的，通过搭建框架、分析案例，说明企业在新质生产力时代该如何投身其中担当使命、改革发展，同时成就企业家。本书既有对世界观的诠释，又有对方法论的阐述，作者为企业多维度、全方位地提供了政策依据、理论依据和实际操作方法。

——邱红阳　三羊马公司董事长

本书深度解读了新质生产力，强调科技创新的引领作用，提倡高科技、高效能、高质量的发展模式。本书为追求高质量发展的企业和投资方提供了宝贵的指导意见，是数字时代战略规划的必读之作。

——崔伟　博士，浙江亿安电力电子科技有限公司总经理

段老师的《新质生产力企业手册：新质商业方法论》提供了独特的视角和深刻的洞见。对渴望在市场竞争中脱颖而出、追求创新和变革的企业家及创业者来说，本书无疑是一把不可或缺的钥匙。

——孙大米　大米商学创始人

本书是传统企业的"及时雨"，是新兴企业的"助力器"，是企业家实践新质生产力的"教科书"，故建议企业家及创业者阅读和借鉴。

——李秀芹　方亚企业学院院长

段老师的这本新书让人心情激动,我读后受益匪浅,期待段老师莅临指导武当山"新质生产力论坛",让科技与传统文化碰撞出文化新质生产力。

——王霞　武当山旅游开发公司董事长

基因科技、生命科学是未来新质产业,我将为之终生奋斗。

——陈东生　菲沙基因公司董事长

响应段老师,做好科技创投,为新质生产力企业"加油"!

——陈汝君　中金创新投资公司董事长

本书从商业画布、流程线路、组织运营等多个角度拆解如何落地新质生产力理论,将其转换为真正的生产力,并优化企业"大运营"背景下的新生产关系。

——史杰松　博士,夜鹭云数字科技董事长

本书解码了新质生产力,解读了企业新质生产力路线图,同时帮助企业解析了如何打造新质经营系统和锻造核心竞争力。本书条理清晰,逻辑严密,解答了企业家心中的层层困惑,对于新时代的企业家科技创新和管理企业,具有非常重要的指导意义。

——孔德伟　北京理工大学共同富裕与人力资源开发研究中心研究员,数坤科技副总裁

本书是一本深入探讨如何在新时代背景下,提升和重塑企业核心竞争力的指导手册。书中详尽勾画了企业新质生产力路线图,重点阐述了企业新质生产力的四大系统设计,以及如何锻造企业新质核心竞争力,为企业领导者提供了宝贵的策略和思路,是理解并引领当前及未来产业变革的佳作。

——陈亮　教授,北京电子科技职业学院生物工程学院院长

新春,新质,新路,新手册,指明了新质商业方法的新途径。

——刘相臣　达因传媒公司董事长,微客来 CEO

学习《新质生产力企业手册：新质商业方法论》，让SICE体育勇立潮头，敢于与耐克、阿迪达斯比科技，做新中式生活运动方式的领导者。

——刘超雄　SICE体育公司创始人

三雷德化工将践行段老师提出的"科技化、高端化、智能化、绿色化、品牌化"路线，争当新质生产力领军企业。

——艾国　三雷德化工公司董事长

作为段老师粉丝团成员，终于等来了老师的第三部著作。本书让我理解了新质生产力是什么、为什么、怎么做，找到了万物荣升级的方向。

——战俊峰　万物荣品牌创始人

三农领域发展新质生产力大有可为，《新质生产力企业手册：新质商业方法论》为三农企业家传经送宝。

——李俊　湖北十堰供销社副主任

段老师说新质生产力与农业结合最有前景：无土农业、空气变馒头……我十分期待。

——袁志平　湖北十堰供销电子商务有限公司董事长

段老师说用设施农业技术种中药材，用生物技术做中药，我们马上开始推进。

——潘定林　湖北武当瑞生态农业有限公司董事长

我是一名演员，也是一名导演，现在创办了公司，被段老师称为"文化企业家"。段老师建议我用AI技术与电影结合，发展文化新质生产力，我看行。

——夏天　青年导演

国家政策不断出台，科技创新引领现代化产业体系建设，特别是以颠覆性技术和前沿技术催生新产业、新模式、新动能，发展新质生产力。推荐新技术创业者拿到本书，先睹为快！

——秦超　中关村科技创新创业服务工作者

毋庸置疑，在百年未有之大变局的今天，新质生产力已然成为中国未来10年乃至30年，最基础、最紧要、最关键的发展重心，也是中国从发展中国家迈向发达国家的核心动力源。对企业家和创业者来说，本书是一本难得的"新质风口挖宝图"。

——刘爱国　人民创业者论坛发起人

段老师是我精神上多年的挚友，更是我的良师，从《互联网+兵法》到《新质生产力企业手册：新质商业方法论》，无不体现段老师一直在新商业领域的深入研究，我读后如获至宝，醍醐灌顶。

——刘海龙　蜂狂购集团董事长

作为一名女性企业家，我深知在瞬息万变的商业世界中站稳脚跟的挑战，而段老师的书就像是一座引导我的灯塔。

——王海燕　汉帮佳业文化董事长

本书从微观视角解码新质生产力，开创性地提出构建"科技IP+数据IP+文化IP"的新质企业核心竞争力模型，有高度，接地气，很实用，值得企业家和创业者借鉴。

——萧大业　单条视频2.4亿播放视频号头部博主

在这个技术革命与产业转型的关键时期，《新质生产力企业手册：新质商业方法论》作为一部独具洞察力的著作，为企业家和创业者指明了前行的方向，强烈推荐给寻求突破与创新的企业家和创业者。

——赵秋语　国信证券北京朝阳路证券营业部总经理

本书是企业家和创业者的必读之作，深入剖析了新兴产业、未来产业与传统产业的融合之道，为把握产业变革提供了宝贵的思路。该书既揭示了宏观的战略布局，也涉及微观的操作技巧，助力企业家在新时代的商业浪潮中稳步前行，实现企业的可持续发展，推荐一读。

——曹磊　网经社电子商务研究中心主任

本书绝对是进一步帮你提升对新质生产力的了解并能轻松驾驭的绝佳伙伴！我相信，读了此书并知行合一的企业家，一定会成为走在新质生产力时代前沿的领导者和胜利者！

——蒯黎明　源之本心公司董事长

愿本书为读者带来更多的启示和帮助！愿本书成为段老师与读者之间的桥梁，为推动社会进步和发展做出贡献！

——伏治鑫　中川禧福实业集团董事长

面对下一个蓝海，各行各业该如何应变？本书开创性地提出了构建"科技IP+ 数据IP+ 文化IP"的新质企业核心竞争力模型，带领我们从全新的视角更加形象地理解新质生产力，让大家快速跟上中国的下一步。

——魏传涛　北京飞马旅公司总经理

《新质生产力企业手册：新质商业方法论》不仅是一本书，而且是一把解锁现代企业成功之门的钥匙。作为一位致力于助力成长型企业家扩大影响力的企业家 IP 教练，我深刻认识到创新的重要性。段老师的书不仅是企业家的宝贵资源，更是每个致力于未来可持续发展的人必读的指南。我强烈推荐给所有寻求突破和创新的奋斗者。

——吴卫华　吴聊传播创始人，企业家 IP 教练

"新质生产力"是一个新词，很多企业对之难免陌生和不解，所以本书的推出可谓适逢其时。全书脉络极其清晰，有宏观有微观，有理论有实操，我认为是今天后互联网时代企业主的必读书。

——峰帅　实战营销人，项目孵化投资人

本书为我们提供了一个全新且全面的视角。从解码新质生产力的本质到打造企业新质经营系统，再到锻造企业新质核心竞争力，既有清晰易懂的理论框架，又有指导实战的路线图。本书适合所有追求创新或深陷困惑的创始人、企业家和管理者，它所提供的洞察和启发更是企业走向成功的保障。

——福袋叔　盈科投资合伙人，北京创业投资协会副会长

本书以解码新质生产力为起点，从传统产业到新兴产业，深入探讨了新质生产力时代的特征和企业的发展路径。新人才、新科技、新文化、新数据奠定企业未来。这本书理论与实践相结合，助力企业打造核心竞争力。为段老师点赞！

——张智勇　财经百万粉丝抖音号"智勇财商"博主

本书是一本关于企业发展和创新的书，为企业家提供了一种全新的视角和思考方式。我强烈推荐它给所有希望在当今竞争激烈的市场中取得成功的企业家。它不仅能帮助你理解新质生产力的重要性，还能为你的企业提供实用的发展策略。

——李志民　一心悦读公司创始人

段老师的著作语言通俗易懂，结构清晰，并辅以相关案例和数据，以帮助读者更好地理解新质生产力的内涵和应用。相信本书必能帮助读者在新质生产力时代把握机遇，塑造企业的核心竞争力。

——王珍妮　澳洲富伦谷酒业公司 CEO

在本书的引导下，我们将开始一段探索未知的旅程。本书将带领我们走进生产力的新世界，发现其中隐藏的奥秘和潜力。对渴望创新的企业来说，本书无疑是一把金钥匙，作为导演，我深感它的价值，它让我重新审视了企业的未来。

——徐守波　导演

本书从时代维度和宏观大势两方面解码和阐释新质生产力，描绘新质生产力路线图，开创性地提出打造新质生产力经营系统，并给出企业实践的路径。这是一本兼具理论和实战的专著，为研究新质生产力提供了详细线索和丰富养料，值得阅读。

——刘进华　航华汇私董会创始人，资深私董会教练

科技创新无止境，新质生产力天地宽，本书助力企业捅破科技创新的"天花板"，扎根产业创新的"吨粮田"。

——应雪华　浙江省科技创新企业协会副秘书长

读完《新质生产力企业手册：新质商业方法论》后我认识到：推动企业深度转型升级、向新质生产力进军是新光实业集团坚定不移的目标。

——钱春生　山东新光实业集团董事长

发展新质生产力需要金融助力，金融创新尤其是科技驱动的金融创新不可或缺。

——仇江鸿　金融创新研究者

我爱读书，更爱读有创新思维和有体系的书，《新质生产力企业手册：新质商业方法论》就是这样一本书，值得推荐。

——徐忠民　江苏建院营造股份有限公司董事长

新质生产力需要创新投资助力，这么多年我一直在做这样的探索。本书提到的"企业价值八维评估体系"给了我新的启发。

——胡爱英　投资人，同道共赢基金合伙人

"人工智能+"是新质生产力的重要引擎，我们一直在努力。段老师的新书是创新的火炬，照亮我们前行的路。

——李绍杰　恒信东方公司创新模式总经理

听过段老师的课,也读过段老师的书,特别是这本《新质生产力企业手册:新质商业方法论》无疑是段老师的新高度!抓住"使命经济"的手,建立现代化产业体系,无疑是中国企业家无上崇高的使命。

——**薛永红**　山西证券上海公募基金总经理

我将认真学习此书,潜心钻研四五线城市的新质生产力,为小镇创业者探索一条新路。

——**万勇**　"70后"连续创业者

新质生产力不是未来,而是当下,"80后"该怎么做呢?本书引人深思。

——**杨锋**　"80后"互联网创业者

在科技快速发展的时代,创始人就是企业的形象代言人,如何打造创始人的IP,为企业的产品注入灵魂,是每位企业家需要思考的问题。只有想通了这个问题,才能在线上和线下获得众多消费者的青睐。

——**李德天**　"90后"创业者,北京平天下科技公司创始人

本书指导我们如何从优秀走向卓越,我读完后非常震撼!不管我们身在哪个岗位都应该努力学习,不断成长,高质量地发展自己。因为时代正在以前所未有的速度前进着,唯有学习才不会落伍!

——**李天宇**　"90后"媒体人

作为"90后",我要在生命科学领域向国际巨头们学习,然后挑战它们。

——**潘易**　"90后"大健康创业者,江苏易测科技公司创始CEO

改变意味着进步,只有响应时代的"召唤",才能掌控命运的罗盘。"新质生产力"的诞生,不仅标志着一个新时代的开启,更是新一代人前进道路和思想的基石。

——**王炎**　"00后"媒体人

Foreword 推荐序

非常高兴应邀为本书作序。不单单是对作者的赞赏，更是因为我本人是新质生产力的坚定信仰者和实践者。对想进军新质生产力的企业家和创业者来说，用"久旱逢甘雨，他乡遇故知"来形容一点儿也不为过。

这是一个推陈出新的时代。在新质生产力时代，不但有新技术、新产业、新模式的爆发涌现，还有老技术、老产业、老模式的更新换代，更有新旧思维的暗自交锋与激烈碰撞。这是时代的潮流，谁也无法逆转。相反，与时俱进的人思考的则是如何顺势而为，直济沧海。

本书是在互联网、大数据、云计算、人工智能、区块链等新技术集中爆发的时代背景下应运而生的。发展新质生产力不再仅仅是一个概念、一个愿景，而是已经成为一个巨大的社会进程，已经成为未来企业社会化发展的必经之路和企业价值增长的试金石，也将为企业转型升级创造更大的时代机遇！

我们从 2015 年开始打造的"云悦共享生态"，是运用云计算、大数据、人工智能、区块链技术构建的去中心化 Web 3.0 的新商业生态。它不仅是新质生产力的践行者，通过运用区块链技术，打破了企业边界，完成了用户、内容、产品、服务和商业价值的共享，重构了生产关系，使所有参与的企业、政府机构、非营利组织和个人成了真正意义上的共建、共享、共赢、共富的利益共同体与命运共同体；它也是新商业关系的代表者，在不改变企业原有商业模式的前提下，各个单位不再单打独斗，而是抱团取暖、强强合作、互利共赢，真正做到了融合不整合、跨界不打劫、独立不孤立、拥有不占有；从某种意义上说，它还是新质生产力发展的必然结果，即生产力的发展推动生产关系的变革，而生产关系的变革进一步推动生产力的发展！

让我们不辜负这个新技术爆发的时代！

陈沛

云悦共享生态创始人

2024 年 3 月 25 日

Preface 前言

无新质，不商业
——睿智企业赢在新质生产力

新质生产力来了！

如隆隆战鼓声大分贝地撞击着我们的耳膜。

新质生产力来了！

如和煦朝阳喷薄而出，普照着960多万平方公里的神州大地！

新质生产力是新生事物吗？是新生事物。因为它是2023年9月才被提出来，并列入2024年政府工作十大任务第一条的。**但又不完全是新生事物，因为它是从中国多年的科技革命和产业变革生动实践中提炼总结出来的。**

新一代信息技术和科学技术浸润中国经济的几十年来，新质生产力的实践探索如火如荼：

华为自主研制的鸿蒙系统是新质生产力；

大疆自主研制的无人机是新质生产力；

东方空间公司自主研制的火箭是新质生产力；

海尔为农民研发的地瓜洗衣机是新质生产力；

格力在"德国纽伦堡国际发明展"获金奖的分布式送风技术中央空

调是新质生产力；

酷特智能（红领）从事的C2M产业互联网是新质生产力；

拼多多发起的"农云行动"是新质生产力；

阿里巴巴研发的AI电商产品"绘蛙"是新质生产力；

百度研发的文心一言大模型是新质生产力；

不一而足。

作为国内一线的商业实践者和首部"互联网+"专著《互联网+兵法》的作者，我在两家中国500强企业——远东股份和格兰仕集团担任操盘手，曾经主持的产业互联网和电商产业也是新质生产力。

在高层和专家学者都从宏观和中观解读新质生产力"**是什么**""**为什么**"和"**趋势如何**"等大背景下，我写了这本《新质生产力企业手册：新质商业方法论》，想从微观视角，站在产业端和企业端，用我的亲身实践和深度思考，试图探讨出**一套实战落地的新质生产力商业方法论**。

我的水平有限，但心是炽热的，就像同生在这个伟大时代的你一样。所以，如果你是以下几种人（排名不分先后），你就是本书的读者：

1. 企业家和经营者；

2. 科学家和科技工作者；

3. 创业者；

4. 投资人；

5. 梦想在新质生产力商业有一番作为的人；

6. 想了解新质生产力商业如何更好地服务企业的公务员；

7. 新质生产力商业研究者；

8. 需要了解新质生产力的普通人。

就像《易经》的"潜龙勿用""见龙在田""惕龙乾乾""跃龙在空""飞龙在天"和"亢龙有悔"一样，我将从六个方面提出新质生产力商业的"道法术器"。

所以，本书共分为六个部分：第一章"解码新质生产力"、第二章"新质生产力时代"、第三章"企业新质生产力路线图"、第四章"设计企业新质经营系统"、第五章"构建企业新质核心竞争力"、案例分析"远东集团新质生产力探索及新质生产力七字诀"。

新质生产力"是什么"已毋庸讳言，而对于新质生产力"为什么"，我却有自己的一些思考，那就是除了李约瑟之问外还有段积超之问。

李约瑟之问

20世纪30年代，英国著名学者李约瑟（Joseph Needham）在其编著的15卷《中国科学技术史》中提出了这样的问题：欧洲在16世纪以后就诞生了近代科学，这种科学已被证明是形成近代世界秩序的基本因素之一，而中国文明却未能在亚洲产生与此相似的近代科学，其阻碍因素是什么？这个问题被称为"李约瑟之问"。

"李约瑟之问"引发了一场"中国古代到底有无科学"的争论，激发了很多人研讨的热情，也产生了很多试图从制度、经济、社会、文化、心理、思维方式和精神层面做出解释的假设和理论。

时至今日，"李约瑟之问"仍然像大石头一样压在中国人的胸口，像达摩克利斯之剑一样悬在中国人的头顶。因为与辉煌的中国古代相比，近代中国的确落伍了，以至于许多新技术在中国仍然没有被攻克，从而成为"卡脖子"难题。同时，虽然新中国建成了门类齐全、独立完整的现代工业体系，成为全球唯一拥有联合国产业分类中所列全部工业门类的国家，但是在芯片等高精尖技术和新产业方面还要看外国人的脸色，动不动就遭到技术断供和经济封堵。

段积超之问

我想问的是：尽管中国在古代出现了很多像白圭、陶朱公等商业大家，在当代出现了很多像任正非、董明珠和张瑞敏等商业大家，但为什么至今没有产生中国人自己的新商学呢？

如果科技落伍，商学落后，中国企业家就随时会有在世界产业的大海里被狂风巨浪吞没的危险！

指导中国企业的新商学在哪里呢？

新质生产力的影响将是泛在的，有的可能慢慢渗透，有的可能摧枯拉朽！

比如，随着政策导向，新能源汽车将挤占燃油汽车市场，进一步加剧燃油车企的困境。生物制造将对部分传统化工企业产生重大影响，甚至可能导致它们破产。随着低空产业发展，大中型无人机货运在一些区域将会抢占传统汽车物流企业的生意。同时，无人机配送也可能会使快递小哥的收入锐减。

新质生产力对一些企业是危机，对另一些企业却是机遇。对哪些企业是危机呢？是那些抱残守缺、不思转型升级的企业。对哪些企业是机遇呢？是那些拥抱创新，升级传统产业、壮大新兴产业、培育未来产业的企业。

有的企业可能会说经济形势不好、行业内卷，不宜出击。 我想说，经济形势不好是对所有企业的，高度内卷的永远是低端产业、技术含量不高的产业。伟大企业都是在经济形势不好的时候勇敢出击，一是可能有最好的机会，二是要为扭转经济形势做出卓越贡献！

有的企业可能会说新质生产力注重科技创新，自己缺少诸多条件，没有从事过新科技产业，风险很大。

其实，干自己没干过的事才叫创新，行业大佬都是摸着石头过河的。当年，雷军造手机，很多人质疑他没造过手机，但雷军造出来了。风险大吗？当然很大。但是，风险与收益是成正比的。小米集团2023年第三季度，集团总营收709亿元，较2022年同期增长0.6%；经调整的净利润为 59.9 亿元，同比增长 182.9%，就是最好的例证。

中国进入新发展阶段，中国科技进入上甘岭，中国企业开始攀登珠穆朗玛峰。企业家只要增强战略力，提升创新力，淬炼科技力，发挥文化力，迸发融合力，团结一切可以团结的力量，就能无往不胜，将新质生产力进行到底！

上甘岭战役很残酷，但中国最终取得了胜利。珠穆朗玛峰海拔很高，但风景很优美。不管理解不理解，新质生产力都将车轮滚滚。不管参与不参与，新质生产力都将推动着我们向前。因为**一个"新质+X"时代已经来临**！

新质生产力必将促进经济建设，将经济全面升级为"新质经济"；新质生产力必将促进社会建设，将社会全面升级为"新质社会"；新质生产力必将促进文化建设，将文化全面升级为"新质文化"；新质生产力必将促进生态文明建设，将生态文明全面升级为"新质生态文明"。

风起于青蘋之末，最后必然会触达产业、企业，影响产业和企业的方方面面。

一定会出现"新质产业""新质商业""新质企业"和"新质企业家精神"，也一定会出现"新质产业链""新质创新链""新质资金链"和"新质人才链"，还一定会出现"新质经营战略""新质企业组织""新质商业模式"和"新质运营模式"等。这次第，怎一个"新质"了得！

什么是"新质产业"？"新质产业"是指与传统产业相对应的产业，包括深度转型的传统产业，以及新兴产业和未来产业，其本质是现代化产业。

什么是"新质企业"？"新质企业"是指与传统企业相对应的企业，包括深度转型的传统企业，以及新兴产业企业和未来产业企业，其本质是现代化企业。

也就是说，所有产业和企业都将新质生产力化。凡是以科技创新引领的产业都是新质生产力产业即"新质产业",哪怕是传统的中医药产业,都将用科技手段进行升级。凡是以科技创新引领的企业都是新质生产力企业即"新质企业",哪怕是非遗手作企业,也需要用科技手段进行传播,或者通过数字化变成数字藏品。

所以,无论是新兴产业企业、未来产业企业,还是传统产业企业,所有企业都将考虑科技创新这一最大变量,设计出适应新商业环境的"新质打法",无新质,不商业!

"新质打法"是什么呢?是听一些商业大师将旧有的定位理论、品牌理论、营销理论等理论换个马甲吗?

老套路无法适应新挑战,旧地图找不到新大陆,所有企业都将寻找新地图。新地图在哪里呢?地上本没有路,走的人多了,也便成了路。世上本没有"新质生产力商业方法论",探讨的人多了,也便成了真正的新质商业谋略和方法论。

作为"段积超之问"的提出者,我将与你共同答题,一起探讨中国人自己的新商学。

2015出版的《互联网+兵法》和今天出版的《新质生产力企业手册:新质商业方法论》,离中国新商学还有很大距离,但我愿意与中国企业家一起努力,把中国新商学写在中国大地上。

2024年是甲辰龙年,中国企业家要抓住百年未有之大变局的机遇,抓住新质生产力这一重大战略契机,审时度势,思变嬗变,化蜥成龙!

准备好了吗?

请跟随我打开本书,一起探讨新质生产力商业方法论吧!

你们的朋友段积超
于北京清华书剑阁

Contents 目录

第一章　解码新质生产力 / 001

　　第一节　新质生产力解码 / 002

　　第二节　发展新质生产力是中国的使命经济 / 012

　　第三节　进军新质生产力是中国企业的诺曼底登陆 / 021

　　第四节　塑造新质企业家精神 / 027

第二章　新质生产力时代 / 038

　　第一节　独角兽时代 / 039

　　第二节　青龙时代 / 051

　　第三节　麒麟时代 / 060

　　第四节　水母时代 / 068

第三章　企业新质生产力路线图 / 078

　　第一节　企业新质生产力四大基础 / 080

　　第二节　传统产业新质生产力路线图 / 092

　　第三节　新兴产业新质生产力路线图 / 099

　　第四节　未来产业新质生产力路线图 / 109

第四章　设计企业新质经营系统 / 117

　　第一节　新质经营战略设计 / 119

　　第二节　新质企业组织设计 / 133

　　第三节　新质商业模式设计 / 144

　　第四节　新质运营模式设计 / 155

第五章　构建企业新质核心竞争力 / 168

　　第一节　打造新质科技竞争力 / 169

　　第二节　打造新质数据竞争力 / 181

　　第三节　打造新质文化竞争力 / 189

　　第四节　三位一体构建企业新质核心竞争力 / 198

案例分析　远东集团新质生产力探索及新质生产力七字诀 / 206

后记 / 221

参考文献 / 223

| 第一章 |

解码新质生产力

　　大力推进现代化产业体系建设,加快发展新质生产力。充分发挥创新主导作用,以科技创新推动产业创新,加快推进新型工业化,提高全要素生产率,不断塑造发展新动能新优势,促进社会生产力实现新的跃升。

　　——2024年《政府工作报告》(新质生产力被列为2024年十大工作任务的首位)

2023年的金秋九月，新质生产力"方法论"横空出世！

它是新中国人民七十余年发展生产力探索，也是四十余年改革开放探索的成果，犹如瓜熟蒂落。那么，什么是新质生产力呢？它对中国、中国企业和企业家意味着什么呢？

第一节
新质生产力解码

案例 "空气变馒头"？颠覆性改变来了！

中科院天津工业生物技术研究所专家马延和带领团队成功实现二氧化碳合成淀粉，被网友称为"空气变馒头"。该项目能节约土地和淡水，不需要农药化肥，还能消纳二氧化碳，被誉为生物制造领域的重要里程碑。如今，项目进入工程测试阶段。

在马延和的设想中，二氧化碳成为原料，不但可以转化成淀粉，还可以转化成蛋白质和糖类。他说："科技是一种赛道，产业也是一种赛道，谁跑在前面谁赢，谁的利益最大。"（资料来源：央视新闻网。）

什么是新质生产力？中央媒体刊发了诸如《什么是新质生产力？一图全解》等多种版本的解释，读者可以自我学习。

但是，对于新质生产力的解读，不同的人就会有不同的视角。目前，政策方和专家学者的解读，基本是站在宏观视角。而站在产业中观视角和企业微观视角解读的，则少之又少。

新质生产力既然是生产力，那么就应该更多地站在生产力和生产者方面，从产业中观视角和企业微观视角来解读：它对产业有什么影响？对企业有什么机遇？新质生产力的金矿矿脉在哪里？中国产业界、中国企业该怎样发展新质生产力？

本书作为"新质生产力企业第一书"，将主要从产业和企业视角来解码新质生产力，以推动产业界和企业大力进军新质生产力，为"建设现代化产业体系，实现中国式现代化"贡献力量。

新质生产力是新生事物，其内涵极其丰富，外延还在不断拓展。该如何把握呢？不必烦恼，只需要把握"新质生产力黄金三角模型"与"九新三质"即可。

一、新质生产力黄金三角模型

新质生产力是由技术革命性突破、生产要素创新性配置、产业深度转型升级或者不断迭代升级而催生的先进生产力质态，所以我把"技术革命性突破、生产要素创新性配置、产业深度转型升级或者不断迭代升级"这三个特征称为"新质生产力黄金三角"，遂提出"新质生产力黄金三角模型"，如图1-1所示。

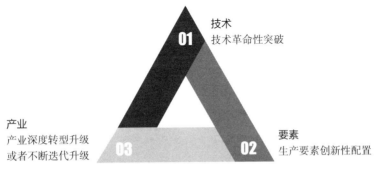

图1-1　新质生产力黄金三角模型

新质生产力有以下三个角：

第一个是技术角——技术革命性突破，就是"技术×"。没有"技术革命性突破"的生产力不是新质生产力。

第二个是要素角——生产要素创新性配置，就是"要素×"。没有"生产要素创新性配置"的生产力不是新质生产力。

第三个是产业角——产业深度转型升级或者不断迭代升级，就是"产业×"。没有"产业深度转型升级或者不断迭代升级"的生产力不是新质生产力。

"新质生产力黄金三角模型"既是判断模型，又是成长模型，还是修正模型。可以借助它判断做的是不是新质生产力，也可以借助它让生产力快速成长，还可以借助它修正新质生产力发展过程中的偏差。

二、新质生产力的"九新三质"

"新质生产力"，起点是"新"，关键在"质"，落脚于"生产力"。

新质生产力的"新"由"九新"构成，"质"由"三质"构成，向"新"而行，以"质"取胜。

（一）"九新"

"九新"是指新劳动者、新劳动资料、新劳动对象、新文化、新产业、新业态、新模式、新动能和新生产关系。

生产力是在劳动者、劳动资料和劳动对象三者交互作用下形成的，所以新劳动者、新劳动资料和新劳动对象等"三新"，是新质生产力的三个基本要素，其他"六新"——新文化、新产业、新业态、新模式、新动能和新生产关系，是新质生产力的六个支撑要素。

1. 新劳动者

新劳动者除了具有基本劳动能力外，还应具有较强的创新能力。新质生产力时代的新劳动者应该是什么样的呢？应该是"雪花型人才"。

在经济转型的过程中，他们是具备多领域知识和能力的复合型人才。不仅在某专业领域有专攻，还能将不同领域的知识进行融合和应用，以适应快速变化的商业环境。

"雪花型人才"的四个基本特征是创新、自驱、融合和利他，如图 1-2 所示。

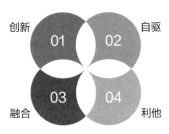

图 1-2 "雪花型人才"特征

创新： 创新包括多方面，最重要的是科技创新，特别是原创性、颠覆性科技创新。"雪花型人才"要么亲自参与科技创新，要么引领推动科技成果转化。

自驱： 具有强烈的好奇心和自驱力，追求科技成果转化和经济效益产出。

融合： 能够在多领域、多学科触类旁通，并将科技和商业打通。

利他： 利他才能合众，合众才能攻克新质生产力的一道道难关。极致的利他，就是最好的利己。

麦肯锡曾经提出过"T 型人才"模型：竖是某项专业能力，横是横向发展的通用能力。比如一个技术人才，先做技术，发展竖，后学会管理人，发展横，那么他就是个 T 型人才。其实，"雪花型人才"与"T 型人才"在本质上是相同的，只不过"雪花型人才"像雪花一样更具有"融化"、融合能力。

在新质生产力时代，最关键的新劳动者是科学家（工程师）和企业家，最稀缺的新劳动者是科学家（工程师）和企业家的合体——科学家（工程师）式领军企业家。马斯克不但是特斯拉和 SpaceX 等九家公司的 CEO，还兼任 SpaceX 公司的首席技术官，这是值得中国企业家和科学家（工程师）学习的。

严格来说，新劳动者还包括机器人。前不久，沙特阿拉伯授予女性类人机器人索菲亚（Sophia）公民身份，成为世界上首个为机器人授予公民身份的国家。但本书讨论的新劳动者是活生生的人，因而将机器人归为新劳动资料之列。

2. 新劳动资料

新劳动资料包括人工智能、大数据、移动互联网、云计算、物联网、区块链、元宇宙、生物识别技术、基因编辑技术等新技术及其应用。比如，手机已成为新生产工具。

所有基于新技术及其设备的都是"新科技"，驱动着新质生产力发展，而基于人工智能、大数据、移动互联网、云计算、物联网等技术的"新互联"将促成新质生产力变现。

无论是人的要素，还是物的要素，都与科技创新密切相关，并以劳动者、劳动资料、劳动对象及其优化组合的跃升为基本内涵。因此，新质生产力有别于传统生产力以劳动、资本、土地等生产要素为驱动力，而是以科技创新为驱动力。

3. 新劳动对象

新劳动对象不仅包括新能源、新材料、新物质等，还包括可以无限循环利用的技术、数据和应用等。

4. 新文化

优秀传统文化、现代文化与新科技及新表达耦合的新文化，不但是新劳动对象，更将成为形成新质生产力的最重要的生产要素之一。

5. 新产业

新产业是指运用新技术产生或延伸出一定规模的新型经济活动，它是新技术的产业化，或者新技术赋能传统产业形成新的产业。

它具体有三种表现形式：

一是新技术产业，即新技术直接催生新的产业。

二是融合传统型新产业,即运用新技术、新成果改造提升传统产业延伸出的新产业。

三是裂变升级跨界型新产业,即将新的科技成果、信息技术等推广应用,推动产业分化裂变、升级换代、跨界融合而衍生出的新产业。

新质生产力的新产业包含战略性新兴产业、未来产业和传统产业新质生产力化三个部分。

战略性新兴产业:指新一代信息技术、生物技术、新能源、新材料、高端装备、新能源汽车、绿色环保以及航空航天、海洋装备等。

未来产业:指脑智能、量子信息、基因技术、未来网络、深海空天开发、氢能与储能等。

传统产业新质生产力化:传统产业的每个领域都能用高科技重做一遍,都能形成新质生产力,成为新产业。

6. 新业态

新业态是指基于不同产业间的组合,企业内部价值链和外部产业链环节的分化、融合、行业跨界整合以及嫁接信息及互联网技术所形成的新型企业、商业乃至产业的组织形态。

信息技术革命、产业升级和消费者倒逼是新业态产生和发展的三大重要因素。

2020年,国家发展改革委等13个部门发布《关于支持新业态新模式健康发展激活消费市场带动扩大就业的意见》,提出支持数字经济15种大业态发展,包括在线教育、虚拟产业园、新个体经济、共享生产等。

7. 新模式

新模式是指以市场需求为中心,为实现用户价值和企业持续盈利目标,对企业经营的各种内外要素进行整合和重组,形成高效并具有独特竞争力的商业运行模式。

新模式具体表现为三种形式：一是将互联网与产业创新融合；二是把硬件融入服务；三是提供生产、消费、娱乐、休闲、服务等一站式全链条服务。

8. 新动能

新动能是指新一轮科技革命和产业变革中形成的经济社会发展新动力，新技术、新产业、新业态、新模式都属于新动能。

但是，新质生产力语境下的"新动能"有了新的内涵，强调必须加强科技创新，特别是原创性、颠覆性科技创新，加快实现高水平科技自立自强，打好关键核心技术攻坚战，使原创性、颠覆性科技创新成果竞相涌现，培育发展新质生产力的新动能。也就是说原创性科技创新和颠覆性科技创新将成为发展新质生产力的新动能。

9. 新生产关系

生产关系是指人们在物质资料的生产过程中形成的社会关系，是生产方式的社会形式，包括生产资料所有制的形式、人们在生产中的地位和相互关系、产品分配的形式等。其中，生产资料所有制的形式是最基本的，并起决定作用的。比如，某上市公司的直播带货网红与 CEO 发生冲突，最后 CEO 被免职，其实就是新劳动者在生产中的地位和相互关系发生了改变，本质是新生产关系的萌芽。

发展新质生产力，形成与之相适应的新生产关系，必须全面深化改革，扩大高水平开放，健全要素参与收入分配机制。

严格来说，"九新"中很多都有交叉，但这也符合事物互相联系的本质，它们共同构成了"九新连珠"的新质生产力宇宙。

(二)"三质"

新质生产力具有高科技、高效能、高质量特征,所以新质生产力的"三质"就是"三高",如图1-3所示。

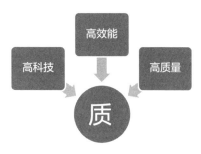

图1-3 新质生产力的三质

低科技是过去中国产业的常态,"缺芯少魂"是中国芯片产业、信息产业和制造业等产业都普遍存在的问题,所以发展高科技产业是新质生产力发展的重中之重。

高科技作为"质"的新质生产力第一特征还是首次提出,这表明中国科技创新将从过去的以模仿创新为主升级到以原创性、颠覆性科技创新为主,中国经济也将从要素驱动真正变成科技创新驱动,"高科技创新"将成为中国科技创新和产业发展的新常态。

2024年将是新质生产力元年,中国由此进入新质生产力时代,未来上百年都将是新质生产力时代。新质生产力是一个新生事物,它的内涵丰富,外延还在不断拓展之中。但不管怎样发展,"新"和"质"都是内在的本质要求。

逢九有变,九九归一。新质生产力的"九新"——新劳动者、新劳动对象、新劳动资料、新文化、新产业、新业态、新模式、新动能和新生产关系,必将推动中国科技和产业嬗变,必将开创中国经济高质量发展的新天地。

三生万物,逢三必进。新质生产力的"三质"——高科技、高效能、高质量,必将催生更多的先进生产力成果,必将带领中国经济社会到新的高度。

三、新质生产力34问

新质生产力是新课题,提出"新质生产力34问"旨在引导读者"扫盲"或者加深理解,做好参与新质生产力生动实践的"预备式"。

1. 什么是新质生产力?
2. 发展新质生产力的重要意义是什么?
3. 新质生产力由什么起主导作用?
4. 发展新质生产力需要摆脱哪两大束缚?
5. 新质生产力具有什么特征?
6. 催生新质生产力的"黄金三角"是什么?
7. 新质生产力的基本内涵是什么?
8. 新质生产力的核心标志是什么?
9. 新质生产力的特点是什么?
10. 新质生产力的关键在什么?
11. 新质生产力的本质是什么?
12. 发展新质生产力的核心要素是什么?
13. 科技创新能够催生哪"三新"?
14. 科技创新特别要加强什么类型的创新?(科技创新特别要加强哪"两性"创新?)
15. 如何培育发展新质生产力的新动能?(发展新质生产力加强科技创新的三项基本要求是什么?)
16. 如何发展新质生产力?(发展新质生产力的四大基本功是什么?)
17. 如何完善现代化产业体系?(完善现代化产业体系的三大任务是什么?)
18. 布局产业链的三个基本要求是什么?
19. 如何科学布局科技创新、产业创新?(科学布局科技创新、产业创新的六大战略任务是什么?)

20. 发展数字经济的两大基本目标是什么？

21. 新质生产力如何绿色发展？（新质生产力绿色发展四大基本功是什么？）

22. 如何构建绿色低碳循环经济体系？（构建绿色低碳循环经济体系的五大任务是什么？）

23. 为发展新质生产力而深化改革的目标是什么？

24. 形成与新质生产力相适应的新生产关系的两大基本任务是什么？

25. 为发展新质生产力而深化改革的四大要求是什么？

26. 如何为发展新质生产力营造良好的国际环境？

27. 发展新质生产力如何吸引人才？（发展新质生产力吸引人才的三大基本功是什么？）

28. 发展新质生产力需要什么样的人才工作机制？

29. 发展新质生产力需要什么样的人才培养模式？

30. 发展新质生产力如何健全分配机制？（发展新质生产力健全分配机制的三大要求是什么？）

31. 发展新质生产力需要健全什么样的收入分配机制？

32. 发展新质生产力需要健全收入分配机制要更好体现哪三种市场价值？

33. 发展新质生产力需要哪些生产要素的活力？

34. 发展新质生产力需要营造什么样的氛围？

把握新质生产力，走新路，开新天！

思考： 有人认为新质生产力是国家主导的，所以发展新质生产力的主体应该是国家。也有人认为主体应该是企业。你认为发展新质生产力的主体应该是国家还是企业呢？

第二节
发展新质生产力是中国的使命经济

> **案例** 我国航天"揽月"背后的民企力量

2023年5月29日,中国载人航天官网发布《关于征集载人月球车研制方案的公告》,征集内容要求:根据载人月球车研制主要要求,论证提出载人月球车总体研制方案建议,具体方案内容应包括任务需求论证、总体方案设计、主要关键技术、安全性可靠性设计、研制流程、质量进度保障以及商业模式、经费需求等。

与本次吸纳社会优质力量对应的是,我国商用航天早已有了蓬勃发展之势,而民营企业则是商业航天重要参与者。根据36氪研究院此前发布的《2022年中国商业航天行业洞察报告》,我国商业航天参与者主要分为民营企业、中国科学院系企业和航天系企业。腾讯研究院数据显示,目前商业航天企业中,民营企业数量占比达80%。

泰伯智库预测,2023—2028年,商业航天产业将进入发展黄金期,2025年仅中国市场规模就将达2.8万亿元。万亿级新兴产业,引发市场和资本的巨大兴趣。

相较于美国的星链计划,我国的商业航天虽发展磅礴,但还有很大的追赶空间。(资料来源:《北京商报》。)

发展新质生产力是国家提出的战略行动,一些企业家就觉得新质生产力的主体是国家,企业只需要配合就行了。其实不然,企业一定是新质生产力的主体,发展新质生产力是企业与国家共同完成的使命经济。

为什么这么说呢?我们先从两个故事开始讲起。

1993年7月23日，中国"银河号"货轮前往伊朗。当货轮行驶到印度洋上，突然停止了——导航设备没有信号，船员不辨方向，货轮无法继续前行。随行船员还以为是信号接收设备出了故障，结果怎么维修都无济于事。后来才得知，原来是美国无中生有地诬陷中国向伊朗运送制造武器的原料，故意停掉了该船所在海域的GPS导航信号。

1996年台海局势紧张，人民解放军向台湾附近的东海海域发射三枚导弹，以示警告。可其中两枚导弹大大偏离了原定的落点范围。事后分析表明是美军做了手脚，失败可能是由GPS信号突然中断造成的。

两个故事说明，没有技术、技术落后就会受制于人，甚至要挨打。

其实，近些年我们一直面临来自西方霸权国家的打压和制裁。美国对中国科技创新企业的出口管制和技术打压呈现扩大趋势：打压范围由大型龙头科技企业向中小型科技领军企业蔓延，打压手段由技术管制向切断国际技术和产业联系升级，打压方式向盟友联合制裁和国内多部门协同制裁转变。

过去侵略靠枪炮，今天制裁靠科技和产业经济，尤其是产业经济。产业经济表面上看是资本和品牌，比如世界500强企业都有雄厚的资本和世界级品牌，其实背后很多都是科技在支撑。

关键核心技术有"三不"：要不来、买不来、讨不来。只有把关键核心技术掌握在自己手中，才能从根本上保障国家经济安全、国防安全和其他安全。

美国对GPS做手脚激发了中国自主研发北斗卫星导航系统提速，多年对中国的打压致使中国奋起直追。中国发展新质生产力既是一种被动抗争，也是一种战略主动选择，因为中国在科技和产业经济两方面还没有做到完全自主可控。

一、中国科技和产业经济的不足

1. 信息产业

中国信息产业缺"芯"少"魂"。"芯"指芯片,"魂"指操作系统。

尤其是在芯片方面,这种情况非常严重。2018年4月,美国商务部以违反针对伊朗及朝鲜的贸易禁运为由,对中国通信设备大厂中兴通讯实施制裁。2019年5月以来,美方以同样的手段,对华为进行了"定向打击"。从将华为及其70家子公司列入实体名单,到对芯片下手,打击手段之专业性、针对性、攻击性一路升级。

数据显示,中国自主研发芯片在全球占比为7.78%,显然与中国的使用量十分不匹配,而且从整体上看,国产芯片与世界先进水平芯片的差距还很大。

2. 高端制造业

从2018年开始,中国制造业产值就已经远超欧美,成为世界第一,但这些制造业主要集中在中低端制造业,在高端制造业方面中国依然很落后。

比如,高端光刻机只有荷兰阿斯麦公司(ASML)可以制造。虽然中国在这一领域也有很多优秀企业,但到目前为止,只能制造28纳米的光刻机。

又如,在激光制造领域,美国研制的激光束能量至少高于中国现有激光两个数量级。在大型模锻框架领域,日本制钢所(JSW)是世界各核电站所用高端锻件的主要生产企业,拥有最大锻压140MN锻压机,其体外锻造的工艺带来的用材省、成本低是中国当前无法企及的。

中国制造企业的平均利润率基本徘徊在2%~3%的超低区域之内,与发达国家的平均水平相距甚远,主要体现在核心共性技术积累不足和基础理论研究不足上。例如,"三基"产品,即基础零部件、基础工艺和基础材料,已经落后于高端装备制造产业的整体发展。这使得中国在高端装备的关键技术和核心部件上,往往依赖进口,严重影响了产业的整体竞争力。

3. 生命科学领域

中国在高端检查仪器、创新药、生物医药等生命科学领域落后。

比如,CT机、核磁共振等高端检查仪器基本被西门子等外国厂家垄断,国产化率非常低。

再比如,创新药领域与发达国家相比有较大差距。美国、德国、日本等国家的创新药市场占比都超过了50%,而中国则相对较低。这导致了在特定医药方面中国企业都处于竞争弱势,如抗肿瘤方面,作为癌症医疗水平的指标,中国的患者五年生存率低于发达国家。

> **案例** 以八角茴香中药为原材料的创新药进口,价格翻了1000倍

2023年3月,流感进入高发期,抗流感特效药"达菲"一度成为热门抢购对象,多个省市电商及线下药店迎来销售高峰,甚至出现断货。"达菲"是瑞士罗氏制药的一款磷酸奥司他韦药物的品名,适用于治疗成人和1岁及以上儿童的甲型和乙型流感。

75mg×10粒一盒的"达菲"售价约为300元。而据某中药材网信息,产地广西南宁市的干度较好的八角茴香的价格为40~42元/公斤,高品质的大红八角的价格为50~53元/公斤。

数据显示,2019年,在中国公立医疗机构以及中国城市实体药店中,磷酸奥司他韦合计销售额曾超65亿元,是当之无愧的"流感药王"。

其实,"达菲"就是来自中药的八角茴香提取物"单体化合物莽草酸"。从八角茴香到提取莽草酸原料,增值超过3倍,而从莽草酸到制成"达菲",附加值跃升超过了1100倍。

但必须强调的是，不能简单地把八角茴香的成本当作药品的成本，因为药物开发和制造需要大量的各种投入。比如，"达菲"的生产共有12道生产工序，30公斤八角茴香只能加工出1公斤莽草酸，之后还涉及化学物的原子转换。

4. 民生

中高端饮料、食品、鞋服等民生消费掌握在可口可乐、肯德基、耐克等外国品牌手中。

有人说，外国品牌主要是靠雄厚的财力打广告，其实不然，我们看一下可口可乐的例子。

> **案例　科技武装的可口可乐**

可口可乐至少有五项科技应用值得称道。

智能自动贩卖机：可口可乐开发了一款与云端服务器联机、内建AI技术的智能自动贩卖机。商家可以透过云端实时掌握销售情形及补货需求，还能够弹性调整产品价格。消费者可在购买饮料前使用手机预先下单，并指定任一地点，随后至该自动贩卖机取货。这种技术提供了更加便捷和个性化的购物体验。

AR（增强现实）应用：可口可乐推出了一个名为"可口可乐魔幻"的AR应用，用户可以通过手机扫描可乐瓶，看到酷炫的动画效果，如一个3D的虚拟圣诞老人跳出来喝可乐。这种技术增强了用户的互动体验，也为品牌带来了更多的趣味性。

数字化和数据分析：可口可乐积极利用数字化和数据分析技术，以更好地理解消费者需求，优化产品组合，以及提高市场效率。这些技术可以帮助可口可乐进行更精确的市场预测，制定更有效的营销策略。

除此之外，其冷链物流技术和环保科技也走在同行前列。

这些只是可口可乐应用科技的一部分例子，实际上，可口可乐公司在许多方面都在积极应用和创新科技，以提供更加优质的产品和服务。

二、使命经济

1. 什么是使命经济

玛丽安娜·马祖卡托在《使命经济：登月计划对变化中的资本主义的启示》一书中，提出了"使命经济"概念。她说，使命经济就是政府用公共目的的理念来指导政策和商业活动，是政府参与经济活动的一种新模式。

在书中，她以美国在20世纪60年代的阿波罗登月计划的成功为例，将其视为美国政府领导创新的一个最佳案例，对其进行全方位的剖析，总结出登月计划成功的关键性要素。她认为，这种以使命为导向的经济模式能够推动企业超越短期的经济利益，关注社会责任和人类福祉，从而实现长期的成功和发展。

案例　使命经济的原型

阿波罗计划是美国在1961—1972年组织实施的一系列载人登月飞行任务。目的是实现载人登月飞行和人对月球的实地考察，为载人行星飞行和探测进行技术准备，是世界航天史上具有划时代意义的一项成就。到1972年12月第6次登月成功结束，阿波罗计划历时约11年，耗资255亿美元，约占当年美国GDP的0.57%，约占当年美国全部科技研究开发经费的20%，提供了惊人的就业长期增长。在工程高峰时期，参与者有2万家企业、200多所大学和80多个科研机构，总人数超过30万人。

2. 企业和国家同使命

玛丽安娜·马祖卡托主要是从国家角度来讲使命经济的，但她举例的阿波罗登月计划其实是美国政府和企业共同完成的,因此我们还可以从企业角度来讲使命经济。

企业角度的使命经济是什么呢?它是指企业以使命为导向,将使命贯穿于企业的经营和发展过程中,从而实现可持续发展和长期价值。这个使命可以是社会使命,可以是国家使命,还可以是全球使命。

人民有信仰,国家有力量,民族有希望。企业与国家同使命,企业家与国家同使命,每个中国人与国家同使命,则使命必达!

中国的登月计划就是企业和国家同使命的最好例证。

2004年1月,中国正式开展月球探测工程,将其命名为嫦娥工程。2006年2月,国务院颁布《国家中长期科学和技术发展规划纲要(2006—2020)》,明确将"载人航天与探月工程"列入国家十六个重大科技专项。嫦娥工程分为"无人月球探测""载人登月"和"建立月球基地"三个阶段。2023年5月29日,中国载人月球探测工程登月阶段任务已启动实施,计划在2030年前实现中国人首次登陆月球。

嫦娥工程具有新型举国体制的重要特征,带动了我国数万家航天相关企业和科研院所的发展。无论是大学还是科研院所,无论是国企还是民企,无不以使命为导向,克服了一个又一个困难,创造了一个又一个奇迹。

所以,嫦娥工程作为中国政府主导的重大战略计划之一,其实施不仅促进了中国航天事业的发展,带动了相关产业和技术的发展,也大大推动了科技创新和产业创新。在这个过程中产生的生产力就是新质生产力。

当前和未来,中国的使命经济就是发展新质生产力。

三、中国使命经济的目标与清单

1. 中国使命经济的目标

发展新质生产力需要从高投入、高消耗和高污染模式,转换到高科技、高效能、高质量模式，不断提升经济发展的"含金量"和"含绿量"，如图1-4所示。

图1-4 "含金量"和"含绿量"

所谓"含金量"是指"高附加值"，是以"高科技""高效能"和"高质量"为支撑的高附加值。所谓"含绿量"是指绿色低碳。我们不能为子孙后代留下毒空气、毒地下水等毒环境。过去，我们只关注"含金量"，不太关注"含绿量"。今天"含绿量"本身就意味着"含金量"。企业发展新质生产力的目标就是提高以创新主导的产业和产品的"含金量"和"含绿量"。

2. 中国使命经济的两大清单

中国发展新质生产力有两大清单：一是技术需求清单即自主可控的科技安全体系需求清单，二是产业清单即自主可控的现代化产业体系清单。

（1）自主可控的科技安全体系需求清单。自主可控的科技安全体系需求清单可以分为前沿引领技术推动型、现有优势技术焕新型、关键核心技术突破型、"卡脖子"技术攻关型四张"技术需求清单"。

四张"技术需求清单"是国家出题，靶向部署科技重大专项和重点研发计划，分类实施政府主推的有组织创新、高校院所主导的原始创新、企业为主体的集成创新，打好关键核心技术攻坚战，探索新型举国体制的中国方案和中国路径。

在这四张"技术需求清单"面前，中国企业家要敢于"揭榜答题"，做科技创新的孤勇者，追求长期价值，做难而正确的事。华为推出Mate60手机就是经过十年以上沉淀久久为功的结果，非常值得企业家学习。

其实，国家绝对不会让科技创新的孤勇者流血、流汗，还流泪，对于四张"技术需求清单"，国家还出台了财政资金资助、国家基金投入、国家采购订单支持，以及其他配套政策四项支持政策。能够接到四张"技术需求清单"中的任何一单，对企业来说都是一次难得的重大机会（见图1-5）！

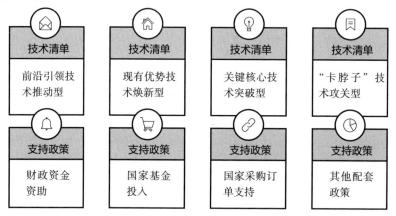

图1-5 四张"技术需求清单"与四项支持政策

（2）自主可控的现代化产业体系清单。自主可控的现代化产业体系包括传统产业、新兴产业、未来产业三大产业，国家也都列出了发展清单，具体可以参看后续章节内容。

怎么发展相关产业？请看第三章"企业新质生产力路线图"。

思考：很多重大国家科技项目未来都可能向民企开放，如果你是企业家或创业者，准备好了吗？

第三节
进军新质生产力是中国企业的诺曼底登陆

> **案例** 央视新闻评价华为Mate60 Pro为"争气机"

　　为限制中国半导体产业的进一步发展，美国大搞"芯片霸权"，对华为等科技企业更是欲置之死地而后快，要求一些半导体制造巨头停止为实体清单上的中国企业提供芯片代工。4年来历经多轮打击，华为增长的步伐明显放缓。以"活下去"为目标的华为，不但没有倒下，还在不断壮大，技术研发投入不降反增，深入整合并升级供应链，鸿蒙系统驱动万物互联，促成1万多个零部件实现国产化。央视新闻在一档节目中评价华为Mate60 Pro为"争气机"。尤其令国人振奋的是华为Mate60 Pro搭载的麒麟9000S是华为自主研发的手机芯片。华为成功突围美国技术封锁，说明自主创新大有可为。

　　华为手机1万多个零部件实现国产化是被迫研发，而现在中国发展新质生产力却是国家主动的战略选择，中国企业要积极拥抱新质生产力，因为对企业来说，进军新质生产力就是一次诺曼底登陆。

一、进军新质生产力是中国企业的诺曼底登陆

　　为什么这么说呢？

　　其一，发展新质生产力直接瞄准新兴产业、未来产业，以及传统产业的转型升级，从发达国家垄断的核心科技领域背后发起攻击。

　　在新兴产业领域，我们已经有了大量的积累。在未来产业领域，我们也有了部分基础研究和科学创新基础，在一些领域可以与国外同

台竞技，在一些领域与国外同在一条起跑线上。有了强硬的基础，更要有强硬的勇气。狭路相逢勇者胜，中国科技界和产业界该向世界亮剑了！

其二，新质生产力代表了技术进步和产业创新的巨大飞跃，发展新质生产力为中国企业带来了前所未有的机遇和挑战。

过去，中国一直处于微笑曲线的底端，主要发展低端产业。低端产业雁阵转移到东南亚之后，很多低端产业企业遭受重创，还在苦苦挣扎。与其在低端产业任人摆布，不如换到中高端产业和科技产业这一新赛道。

国家主导的这种战略选择毫无疑问是睿智的，所以企业唯一要做的就是加快行动。

与诺曼底登陆一样，这是一次大规模的、复杂的行动，需要精心策划和组织，需要各方面的资源和支持。企业需要广泛寻求政府、大学、科研院所、创投机构等各方的协作，以克服各种技术和市场障碍。

其三，新质生产力在中国企业的应用和发展，也面临着一些挑战和风险。如同诺曼底登陆中的战斗一样，企业发展新质生产力也需要面对各种不确定性和困难，如技术瓶颈、市场接受度、政策环境等。

其四，新质生产力是中国式现代化的重要抓手。摘取新兴产业和未来产业科技皇冠上的明珠，获得传统产业科技升级丰厚的硕果，让传统产业、新兴产业和未来产业都装上新质生产力的科技引擎，并驾齐驱，纵横驰骋，无疑会让中国式现代化进程大大加快。

其五，新质生产力的应用和发展，对于推动中国产业的转型升级、中国经济转变发展方式、提升国际竞争力具有重大意义。就像诺曼底登陆对于盟军在第二次世界大战中取得胜利的关键作用一样，发展新质生产力是中国企业实现跨越式发展、赶超世界级企业的重要途径。

二、进军新质生产要注重国际合作

2019年5月21日下午2点30分,任正非在华为总部接受了央视《面对面》记者董倩的独家专访。他说:"美国今天把我们从北坡往下打,我们顺着雪往下滑一点,再起来爬坡。但是总有一天,两军会爬到山顶。这时我们决不会和美国人拼刺刀,我们会去拥抱,我们欢呼,为人类数字化、信息化服务胜利大会师,多种标准胜利会师,我们的理想是为人类服务,不是为了赚钱,也不是为了消灭别人,大家共同能实现为人类服务不更好吗?"

亮剑不意味着你死我活,竞争不意味着消灭对手,中国企业还要加强科技和产业的国际合作。

企业加强科技和产业的国际合作有两种方式:其一是与国外科技界和产业界的技术和业务层面合作;其二是买国外的科研机构和企业。

近些年,中国企业出海开始"买买买"。买的实质是买国外的先进技术、先进品牌和先进管理经验,以及高素质的技术和经营人才。

未来10年,世界经济形势不太好,而中国经济一枝独秀,正是抄底买技术、买品牌、买先进管理经验、买高素质的技术和经营人才的好时机。

案例 吉利集团利用金融危机并购沃尔沃

2007年5月,吉利集团董事长李书福发表《宁波宣言》,实施战略转型,计划用3~5年时间,将吉利集团打造成具有全球影响力和国际竞争力的全球化公司,进入世界500强。2008年全球金融危机来袭,李书福致信福特洽购沃尔沃。经过多轮谈判,于2010年8月2日,李书福和福特首席财务官刘易斯·布思在英国伦敦共同出席交割仪式,交易价格为18亿美元。收购沃尔沃对吉利集团而言,是迅速获得先进技术、提升企业形象和知名度、迈进国际市场的有效手段。

三、增强创新自信，练好科技内功，做好分内的事

1. 增强创新自信

如果说，中国错过了第一次工业革命、第二次工业革命，跟跑了第三次工业革命，那么在以人工智能、大数据和物联网为代表的第四次工业革命进程中，中国就要并跑乃至领跑了。

发展新质生产力的关键在于创新，而创新的主体在于企业。

中国企业要增强创新自信。国外很多一流科技创新是华人创造的，国内很多科技创新走在世界前列。所以中国企业家最重要的工作是聚合高素质创新人才。

> **案例** Sora 惊艳世界，背后技术团队中四名是华人

第一位，Li Jing。公开的资料介绍，Li Jing 是麻省理工学院（MIT）物理学博士，2014 年本科毕业于北京大学物理系，2019 年获得 MIT 物理学博士学位。他致力于研究多模态模型，曾在 Facebook 母公司工作了两年，2022 年加入 OpenAI，现为 OpenAI 研究员。

第二位，Ricky Wang。公开的资料介绍，他毕业于加州大学伯克利分校。他曾在 Instagram 任职软件工程师，2024 年 1 月跳槽至 OpenAI。

第三位，Yufei Guo。在网络平台公开留下的信息非常少，但从目前 OpenAI 公布的资料能够查询到，除了 Sora，CPT-4 等技术报告也都曾出现过他的名字。

第四位，Clarence Wing Yin Ng，信息不详。

2. 练好科技内功

练好科技内功的选项之一是构建"一室三台一中心"的企业科技创新联合体，即投资实验室，跨界整合融合研发创新平台、产业创新平台和专业服务平台，构建以企业为中心的科技创新联合体，如图 1-6 所示。

图 1-6　以企业为中心的科技创新联合体

企业家要敢于并善于投资实验室，依托大学、科研院所和其他新型研发机构大力发展实验室经济，从实验室里要科研成果，推动实验室科研成果转化为新质生产力。企业还要敢于并善于跨界整合融合研发创新平台、产业创新平台和专业服务平台，构建以企业为中心的科技创新联合体，全面加强跨领域跨学科的融合创新、协同创新，不断催生新技术、新业态、新模式，发展企业新质生产力。

当然，实验室只是一种科研组织形式，企业也可以投资成立技术研究所或者技术研究院形式。

案例　TCL 盘古实验室

2021 年，TCL 实业成立盘古实验室，其主要任务就是专注于 Mini LED 相关技术的研究和创新。整个实验室占地 1600 平方米，硕博学历科研人才的占比近 50%，专攻 Mini LED 技术领域遇到的痛点、难点问题。

两年多的探索和积累下，盘古实验室目前下设光电材料实验室、光电器件实验室、仿真设计实验室、量子点实验室等多个项目研发实验室，具备从材料研究、设计开发到生产制造的全流程能力，这也使 TCL 实业在 Mini LED 领域拥有了更加全面、高效的研发体系。

得益于盘古实验室的技术加持，TCL 实业取得了一系列令行业瞩目的成绩。如自研的 Mini LED 芯片，实现了更精准的显示精度；将 BT.709 色域提升至 157% 这一行业新高，让智能产品呈现色彩的还原度进一步升级；平滑处理 2.0、精准降噪 2.0、色彩净化 2.0 等全新功能相继问世，使产品的画面呈现更加接近现实世界等。

3. 做好分内的事

企业分内的事有很多，需要做好人才链、创新链、产业链和资金链的深度融合。如何深度融合呢？请参看第三章第一节"企业新质生产力四大基础"。

企业需要做好经营战略设计、企业组织设计、商业模式设计和运营模式设计，打造企业新质经营战略、新质企业组织、新质商业模式和新质运营模式。如何打造呢？请参看第四章"设计企业新质经营系统"。

企业还需要打造新质科技竞争力、新质数据竞争力和新质文化竞争力，构建企业新质核心竞争力。如何打造和构建呢？请参看第五章"构建企业新质核心竞争力"。

思考： 有人认为，中国刚刚完成全面脱贫攻坚战进入小康社会，综合国力还不够强，产业基础还很薄弱，科技水平还很落后，科研人才还很匮乏，在这种情况下，大力发展新兴产业、未来产业还不是时候，甚至会落得一地鸡毛的结果。

鲁迅说：我总不信在旧马褂未曾洗净叠好之前，便不能做一件新马褂。因此，也有人认为，传统产业可以与新兴产业和未来产业共生。

你怎么看？

第四节
塑造新质企业家精神

案例 积极尽志，求真品诚

作为全球领先的无人飞行器控制系统解决方案的研发和生产商，深圳大疆已有遍布全球的客户。公司在无人机、手持影像系统、机器人教育等多个领域，以一流的技术产品，再度定义"中国制造"的创新内涵。同时，大疆一直践行全新的价值观，在影视、农业、地产、新闻、消防、救援、能源、遥感测绘、野生动物保护等多个领域，都重塑了人们的生产和生活方式，将卓尔不群的产品之道贯穿其中，展现科技的无限可能。

在创始人汪滔的办公室里，挂着一幅书法作品："积极尽志，求真品诚。"他说："只要重视创新，中国制造很快就能变成'高质量'和'品位'的代名词。"有人说正是汪滔追求卓越创新的企业家精神保证了大疆创新在消费级无人机领域难以撼动的优势地位。

庄子说，无用之用，方为大用。企业家精神看似无用，却是"捅破天，扎透地"的锐利武器，让企业家带领企业在纷繁复杂的世界中脱颖而出。

企业发展新质生产力，第一位要讨论的不应该是技术和项目，也不应该是资本和实力，而应该是企业家精神。因为企业发展新质生产力，文化建设和体系变革是一号工程，而重构企业家精神是一号工程中的一号桩基。

企业家是什么？企业家是钢铁战士，是六边形战士，是液态金属，是黏合剂，等等，有众多溢美之词用在企业家身上。企业家是破坏分子，是价格屠夫，是生态文明杀手，是见利忘义之徒，等等，也有众多批判之词用在企业家身上。这让企业家有了天使与魔鬼的双重标签。

发展新质生产力,创新主体首先应该是企业,创新推手首先应该是企业家,创新发端首先应该是企业家精神。

那么什么是企业家精神呢?埃德加·沙因说:"所谓企业家的深层假设就是意想不到的、深入人心的信念、知觉、思维和感觉。它是我们企业价值观和行为表现的直接根源。"换句话说,深层假设就是我们每个企业家的"哲学三问"——我是谁?从哪里来?到哪里去?它是企业家人生观、世界观、价值观的表现。

埃德加·沙因说的"企业家的深层假设"就是企业家精神。企业家精神是一种特殊的能力和品质,是推动企业发展、创造新的商业机会和实现商业成功的关键因素,包括创新、风险承担和机会识别等多个方面,是企业家在经营过程中必备的重要素质。

新质生产力时代的企业家精神有什么不同,该如何策源企业家在新质生产力时代攻无不克、战无不胜呢?

企业家精神要顺应时代的变化。改变是被逼出来的,也需要企业家主动求新求变。

一、企业遭遇的挑战冲突与变化

在讨论新质生产力时代的企业家精神之前,我们必须厘清企业和企业家遇到的挑战、冲突与变化,简单来说就是三大挑战、三大冲突与六大变化。

1. 三大挑战

中国企业将长期面临三大挑战:经济发展的不确定性、外部环境的复杂性和不稳定性,以及科技革命倒逼的紧迫性,可以称为"新质生产力时代企业的三座大山",如图 1-7 所示。

图1-7　新质生产力时代企业的三座大山

需要指出的是，无论是经济发展的不确定性，还是外部环境尤其是政治环境的复杂性和不稳定性，在今天和未来将越来越与科技革命相关联，企业家必须重视科技这一新质生产力最大的变量。

2. 三大冲突

三大冲突是指心理冲突，无论是对企业家，还是对企业员工，其影响力都与日俱增，是企业家必须协调和平衡的，如图1-8所示。

图1-8　三大心理冲突

（1）投资与投机的冲突。在小学生都在想一夜暴富的今天，用心干事与用心捞钱的冲突、赚快钱与长期主义的冲突非常激烈，就像欲火焚心，煎熬难耐。

（2）物欲横流与商业真理的冲突。"搞钱才是硬道理"之风愈刮愈烈，作假者、作恶者反而赚得盆满钵满，老实厚道的企业家反而没落、落魄甚至锒铛入狱。甚至"无商不奸"已成商业真理的诠释。

（3）股东利益至上与构建美好社会的冲突。企业是股东的企业，还是构建美好社会的组织？虽然，环境、社会、治理（ESG）理论在各种论坛甚嚣尘上，但这种源自外国人的"物种"是否能在中国生根落地，与中国老祖宗留下的"义利观"的结合还需要假以时日。

3. 六大变化

（1）从确定性到不确定性的变化。工业时代的企业家"一切尽在掌握"，可是现在商业越来越失控，企业越来越失控，外部环境从确定性变化为不确定性，确定性成为相对，不确定性成为永恒。

企业家需要特别注意两大不确定性的变量，一是技术，二是大众的情绪价值。技术可以决定企业生死，大众的情绪价值可以左右企业的生死。

（2）客户需求变化。客户需求变化主要是指从大规模工业化生产供应到向小众定制的转变，无论是B2B企业还是B2C企业都要迎接这种变化。

（3）与用户"零距离"。"零距离"要求企业与最终用户之间没有距离，打破边界，让用户参与到产品与体验的共创中来。

新质生产力时代，企业需要拥抱用户，注重场景服务，从产品到场景将产生两重跃升：第一重是从以产品提供商为主到以场景服务商为主的跃升，第二重则是从以产品售卖获利为主到以为用户提供场景服务获利为主的跃升。

以小米公司为例，小米公司不满足只是手机、平板、电视、汽车等产品的供应商，它更希望在丰富的消费场景中理解消费者需求，挖掘未来应用的成长点。比如，对于小米公司选择自己开小米之家，很多电商人和传统商家都不太理解，甚至嘲笑。其实小米公司就是希望从一线接触用户，从用户使用场景去深刻理解用户，挖掘可以改善和创新的一手资料，这才是小米公司开设小米之家的真谛，它真的不是去与传统商家抢生意这么简单。

（4）四大关键关系变化。企业的四大关键关系变化主要是员工关系、客户关系、行业关系和社会关系的变化，如图1-9所示。

员工关系	从雇佣关系变为合伙关系
客户关系	从交易型关系变为服务型关系
行业关系	从零和转变为正和
社会关系	从单纯的商业组织到社会化组织

图1-9　四大关键关系变化

（5）组织变化。组织变化主要是从科层组织升级到敏捷组织，特征是从以企业为中心的线性组织升级为以用户、客户为中心的圆形组织，如图1-10所示。

图1-10　组织变化

企业发展新质生产力，需要"技升""智改""数转""网联"，从企业内部启动组织变革，尤其是从自上而下的科层组织向更快响应市场的敏捷组织变化，充分利用数字工具与消费者产生深度连接，在快速变化的世界中主动求变，而不是消极应变。在这一过程中，有两条思考路径，一条是如何避免企业出现僵化和大企业病，另一条则是如何激活企业内部的持续创新机制。

（6）品牌定位变化。品牌定位主要有四方面变化，分别是从低端品牌到中高端品牌，从代工品牌到中国制造品牌，从企业品牌到生态品牌，从商业品牌到社会化品牌，如图1-11所示。

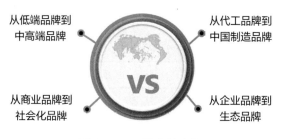

图1-11 品牌定位变化

从企业品牌到生态品牌对应行业关系的变化。

在新质生产力时代,行业关系将走出简单的二元对立,从零和走向正和,相应地品牌将从企业品牌变为生态品牌。张瑞敏认为,未来能给中国企业带来的机遇是构建生态品牌。海尔构建生态品牌,就是希望走出内卷的价格战,转向服务的边际效益递增,发挥生态的网络效应。互联网时代的网络效应很容易理解,在一个平台上,加入这个平台的人越多,每个人的边际成本就越低,而收获的边际效益就越高。加入微信的人越多,每个人能产生的联系也越多,微信对于新加入者的效用就越高。物联网时代的生态企业同样拥有网络效应,加入生态的企业越多,吸引的消费者参与越丰富,对消费者和制造企业而言,效益都会增加。即随着网络的扩大,边际效益递增。在这方面,除了海尔之外,小米集团推行小米生态链品牌的做法尤其值得学习和借鉴。

从商业品牌到社会化品牌对应社会关系的变化。

企业从商业组织升级到社会化组织,企业品牌从商业品牌升级到粉丝部落品牌乃至社会化品牌。大众对企业的影响力越来越大,甚至能左右企业的生死。国外将苹果的死忠粉人群称为"拜苹果教",将小米的粉丝称为"米粉",都是将企业品牌视为粉丝部落品牌的表现。娃哈哈、鸿星尔克、李宁、安踏、海澜之家等越来越多的企业都宣称打造"国民品牌",这是品牌"国民化""社会化"的表现。

二、新质企业家精神

新质生产力时代的三大挑战、三大冲突与六大变化,必然会投射到企业家身上,进而重塑企业家精神,从而催生"新质企业家精神"。

"新质企业家精神"绝不是一个穿上新马甲的旧概念,或者牵强附会的概念,它具有特定的含义,包括新质使命精神、新质向善精神、新质高端精神、新质人本精神、新质创新精神、新质创业精神、新质长期主义和新质合作精神八大精神,如图 1-12 所示。

图 1-12 八大新质企业家精神

1. 新质使命精神

新质使命精神包含两个方面的含义:物质方面就是发展新质生产力,建设现代化产业体系;精神方面就是以社会主义核心价值观为依归,构建中华优秀传统文化与马克思主义相结合的现代企业文化。

"格力,让世界爱上中国造""长虹以产业报国,以民族昌盛为己任"("科技长虹,产业报国")都属于新质使命精神。

2. 新质向善精神

新质生产力时代的向善精神最重要的内容之一是科技向善。新技术的使用可能会对伦理精神提出挑战,Sora 会让人们分不出真假并搞不清事实真相,人工智能的发展可能会危及人类等,这种种担忧是新质向善精神的体现。

3. 新质高端精神

中国企业不要在低端产业血拼了，将高端化作为经营方向，发展中高端产业，追求高附加值，"择高处立，找最厚的雪"。李书福从低端的吉利汽车到收购沃尔沃，蒋锡培从制造中高端电缆到发展智慧机场业务，秉持的都是新质高端精神。

4. 新质人本精神

新质人本精神的"以人为本"体现在尊重人、爱护人和解放人三个方面。

（1）**尊重人**。尊重人体现在理念层面，让人人都成为企业的主人，成为企业家，成为企业 CEO 和自己的 CEO。张瑞敏说，企业家的价值就是让每个人都成为自己的 CEO，让每个人都可以把自己的价值、能力发挥到极致，创造一种让每个人都可以成为企业家的机制和氛围。

（2）**爱护人**。爱护人体现在物质待遇和精神待遇层面，房子、车子、票子和面子等方面都要给足。

（3）**解放人**。解放人主要体现在权力层面和技术层面两个方面。

从权力层面解放人，需要企业家变管控为放权，从集权机制变为分权机制。张瑞敏就曾提出，企业家角色转变的核心就在于改变认知：到底应该控制员工，还是让他们自主发展？他认为，放权要下放决策权、薪酬权、用人权，鼓励创客自运转、自裂变、自迭代。德里克·利多也强调，以前的领导者会创造追随者，现在的领导者会创造新的领导者。只有这样，才能真正推动良性循环。

从技术层面解放人，需要将简单劳动、复杂劳动、高效率劳动等都交给机器人，让人做智慧的事情。

5. 新质创新精神

新质创新精神主要体现在三个方面：

第一，注重战略创新。企业家要有战略思考力，有"站在月球看地球""站在珠峰看世界"的大视野。

第二，从一个人的创新到一群人的创新，从个人英雄到英雄联盟。

独行快，众人远。马斯克在谈"雨林法则"时说，创新与创业需要不断打破在位巨头的垄断，让更多中小企业能够破土而出，真正有效的企业家精神是赋能每个有想法的人。

德里克·利多对企业家的定义是，能吸引他人为其创新提供有价值的回报。企业家的行为是一种组织行为，核心是加杠杆，无论是调用资源和资金的能力，还是吸引或者激励一群人帮助他们完成目标。换句话说，无论是内部还是外部创业，吸引到人才是创业者的第一要务。

英雄联盟是企业家与科技人、经营人、工匠人和金融人四类人的联盟。英雄联盟的组织形式主要是创新小分队和产业武工队等分布式快速反应部队集合而成的联军。

第三，列出新技术清单，瞄准新赛道，向"新"发展，向宽处行。

需要强调的是，向"新"发展，机会是平等的，新赛道的大路是宽阔的，所以新质创新精神不单纯在"新事"上琢磨，还要在"新技术机会"上琢磨。

6. 新质创业精神

在新质生产力时代，艰苦创业的精神不能丢掉，"拼命三郎"的拼劲不能丢。

华为坚持以奋斗者为本，任正非本人就是奋斗者的楷模。他从43岁大龄创业，至今仍然以80岁高龄奋战在一线。他每天工作十几个小时，出行坐经济舱，不带秘书，不要迎来送往，保持着一种艰苦朴素的生活作风和雷厉风行的工作作风。

7. 新质长期主义

不做轻而易举能成功的事,而是选难而正确的事情并长期投入。

宁德时代董事长曾毓群说,在技术战略上要有长期的战略定力,勇敢迈入技术创新路上的"无人区"。低调专注,敢闯敢拼,在他的带领下,短短十年不到,宁德时代便以科技创新抢立产业潮头,动力供应全球。除了在电池材料结构方面不断创新和突破,他还推动效率升级,刷新了中国制造的质量标准。他坚持推动绿色能源事业发展,为能源革命做出卓越贡献,并获得2023年诺贝尔可持续发展特别贡献奖。不管行业如何波澜起伏,他始终步履不停,屹立潮头,这是一个地地道道的长期主义者楷模。

需要强调的是,新质长期主义不是狭义的拉长战线,而是要注重"长期"与"短期"的平衡,企业家要在技术战略上坚持长期主义,在技术产业化上分阶段注重短期变现。既要跑马拉松,拿长跑冠军,还要跑百米冲刺,成为短跑健将。

8. 新质合作精神

管理改进最大的动力是关系,行业和社会改进最大的动力也是关系,广交朋友也是企业竞争力,合作是新质生产力共赢的密码。

左宗棠曾题词:发上等愿,结中等缘,享下等福;择高处立,寻平处住,向宽处行。

弘扬新质使命精神和新质向善精神,将产业报国、美好社会、企业向善等作为企业家追求,就是"发上等愿"。

弘扬新质人本精神和新质合作精神就是"结中等缘",弘扬新质创新精神和新质创业精神,矢志创新,艰苦创业,不计较个人名利,不追求奢靡生活就是"寻平处住"和"享下等福"。

弘扬新质高端精神,发展中高端产业,追求高附加值,就是"择高处立"和"向宽处行"。

塑造新质企业家精神绝不是一句空洞的口号,而是企业家抓住新质生产力的战略性机遇、知行合一努力践行的心锚。

思考: 杭州娃哈哈集团创始人宗庆后生前说:"我这么大年纪还在奔波,真的停下来什么都不做,我可能(会觉得)太无聊了。对娃哈哈来讲,它也需要追求卓越,坚持百年老店。现在是高质量高效益的发展,我们也跟着国家整个方向,追求自己创业的方向。"2023年年底,宗庆后在给娃哈哈员工的公开信中写道:"路虽远,行则将至;事虽难,做则必成。"这封与君共勉的公开信也成为他人生的告别信。一代传奇,终究会有落幕的一天。但他的故事、奋斗不停的民营企业家精神,将激励更多的人去追逐梦想,去创造未来。(资料来源:央视财经,《致敬宗庆后——奋斗者,奋斗着》。)

如果让你以娃哈哈员工的身份给宗庆后写一封回信,你会怎么写?

第二章
新质生产力时代

　　发展新质生产力是推动高质量发展的内在要求和重要着力点，必须继续做好创新这篇大文章，推动新质生产力加快发展。

　　——习近平在中共中央政治局第十一次集体学习时的讲话

发展新质生产力，需要注重天时、地利、人和。没有企业的时代，只有时代的企业。时也，运也，天时是第一位的。了解新质生产力时代对于企业家和创业者把握时代潮流，因时而动，顺势而为大有裨益。

进入新质生产力时代的判断标准是什么？

首先是生产工具。2007年乔布斯用iPhone重新定义手机后，手机不再单纯是通信工具，而是微型计算机，宣告划时代的移动互联网时代已经到来。移动互联网时代是全面数字化时代，生活、学习、工作、商务和政务等全面数字化连接，促进了生产力爆发式增长，也催生了真正意义的数字经济。所以广义的新质生产力时代是从2007年开始的。

其次是政治经济意义。一个14亿人口的大国，如何打破西方列强的科技"卡脖子"和经济封堵？如何强大国民经济支撑疲软的世界经济？如何以中国方案打造人类命运共同体造福世界？2023年9月，中国找到了"发展新质生产力推动经济高质量发展"之路。所以属于我们的全新的新质生产力时代将从2024年开启。

那么，新质生产力时代是一个怎样的时代呢？

第一节
独角兽时代

> **案例** 不用养猪就可以吃到猪肉，这是真的吗
>
> 在未来，不用养猪就可以吃到猪肉是真的，这就是细胞培养肉。

细胞培养肉是不需要养殖动物就可以吃到的肉，是真正的肉类。它从动物身上提取细胞组织，分离出具有成肌、成脂、生产胶原蛋白功能的种子细胞（干细胞），经驯化培养后，在生物反应器中进行扩大培养，实现大规模增殖，再利用分化模具、生物反应器或3d打印的方法大规模生产肌肉纤维、脂肪、胶原蛋白等肉中最重要的组成部分，最后利用食品化加工技术制作成培养肉产品。简而言之，这类培养肉从动物体内提取干细胞，然后在生物反应器中驯化扩大培养，即用动物细胞"种"出肉。

虽然细胞培养肉正处于发展初期，面临生物反应器、规模化工厂与细胞培养基等技术问题，暂未商业化，但是农业农村部的《"十四五"全国农业农村科技发展规划》提出的探索研发"人造蛋白"等新型食品的发展措施，为研发细胞培养肉提供了很大的支持。根据Statista预测，2026年我国细胞培养肉市场规模将达到147.56亿美元。

独角兽形如白马，额前有角，稀有且高贵，是传说中的一种神兽。2013年，美国著名投资人、华人女性杰出代表李艾琳（Aileen Lee）发表的一篇文章，首次将成立不到10年，在私募和公开市场的估值超过10亿美元且未上市的科技创业公司称为"独角兽"，自此该词迅速流行起来。独角兽公司要具备行业朝阳、增长速度较快等特征。它们往往拥有独有核心技术或颠覆性商业模式；有天使投资经历，也有多轮创投投资经历；是某一个行业的细分领域的龙头，其中部分公司最终成为某一新兴领域的霸主。

独角兽公司代表了新经济业态，引领着社会创新。独角兽企业一旦成为行业巨头，必然使得一个行业的经济以及发展潜力极大增强，会引领一个国家的科技进步与产业升级。

新质生产力时代，独角兽企业将越来越多，从而会让新质生产力时代变成一个独角兽丛生的时代。所以新质生产力时代是科技升级时代——独角兽时代。

一、科学的春天

1978年3月18日到31日，全国科学大会在北京隆重召开。这次会议确立了科技工作正确的指导思想，是我国科技发展史上的一个里程碑。它是我国向科学技术现代化进军的总动员令，对我国的社会主义现代化建设起了极大的推动作用。

在大会闭幕式上，中国科学院院长郭沫若作了题为《科学的春天》的书面发言，鼓舞了一代人。

2024年3月，《政府工作报告》提出：推进科技创新，促进产业升级。并将"大力推进现代化产业体系建设，加快发展新质生产力"作为政府十大工作任务的第一任务。

中国人民迎来了又一个"科学的春天"，"科学技术是第一生产力，创新是第一动力"成为共识，发展创新起主导作用的新质生产力正在成为神州大地的共同行动！

1. 从中央到地方都在重科技

案例　国家科学技术奖奖金标准提高

2019年1月，科技部、财政部印发了《关于调整国家科学技术奖奖金标准的通知》，对奖金标准做出调整。其中，国家最高科学技术奖的奖金标准由500万元/人调整为800万元/人，全部属获奖人个人所得。此次奖金标准调整，是国家最高科学技术奖设立近20年以来奖金额度及结构首次调整，旨在充分体现党和国家对我国科技工作者的激励和关怀。

> **案例** "国家工程师奖"表彰大会

2024年1月19日上午,"国家工程师奖"表彰大会在人民大会堂举行,81名个人被授予"国家卓越工程师"称号,50个团队被授予"国家卓越工程师团队"称号。党中央、国务院决定开展"国家工程师奖"表彰,是为了表彰先进、树立典型,打造新时代卓越工程师队伍,强化国家战略人才力量建设,激励动员广大工程师奋进新时代、建功新征程。

> **案例** 安徽合肥市政府重仓科技走在了前列

2023年,全市生产总值12673.8亿元,同比增长5.8%,高于全国0.6个百分点。规上工业增加值同比增长10.6%,高于全国6个百分点,新增百亿产值工业企业6户,总数22户。合肥从5条马路的小县城,搏到了800万人口、万亿GDP的中部大城、新一线城市。

> **案例** 合肥增速迅猛的原因,是因为强大的"豪赌"能力

2007年,合肥拿出全市1/3的财政收入"赌"面板,投了京东方,最后赚了100多亿元;2011年,合肥拿出100多亿元"赌"半导体,投了长鑫/兆易创新,上市估计浮盈超过1000亿元;2019年,又"赌"新能源,拿出100亿元拯救蔚来汽车,已获得千亿元的账面回报。以至于社会上有了一种说法:合肥市政府其实是"中国最牛的风险投资机构"。

2. 从央企到民企切实行动

> **案例** 发展新质生产力是今年国资央企一项非常重要的任务

2024年1月24日,国务院新闻办公室举行新闻发布会,会上,国务院国有资产监督管理委员会副主任袁野表示,发展新质生产力是今年

国资央企一项非常重要的任务。

下一步,将完善推进机制、优化支持政策,集全系统之力,持之以恒、全力以赴发展战略性新兴产业和未来产业。以央企产业焕新和未来产业启航"两个行动"为抓手,加快在战略性新兴产业收入和增加值占比上取得关键进展,在央企布局结构上实现战略转型。

案例 宁德时代大力发展新质生产力

理想汽车的新车型理想MEGA搭载了宁德时代的5C超充电池,该电池能在12分钟内充电续航500公里。宁德时代麒麟电池基于第三代CTP架构,拥有严格的质量控制和可追溯数据,已经实现大规模量产。

据了解,一方面,为了达到5C以上的峰值充电倍率,宁德时代打造出了具有峰值5C以上的充电能力的超离子环石墨负极;研发出了超高导电解液,通过更薄、更均匀、更致密的SEI膜,使充电动力学(指标)提升了30%;优化隔离膜,使电池整体动力学(指标)提升了10%。另一方面,为了峰值充电功率更持续,通过多轮拆解、论证、测试,让行业从$0.5m\Omega$内阻跨越至$0.3m\Omega$以内。同时,散热结构的针对性优化,让麒麟电池最大散热功率高达16kW。

目前,在新一代信息技术、新材料、生物医药、人工智能等战略性新兴产业领域乃至脑机接口等未来产业领域,民营企业开始进入技术前沿并加速突破,全国已经孕育出一批高成长的新兴企业。

也就是说,如果你不行动,而你的对手行动了;如果你的行动慢了,而你的对手行动快了,那么你将失去的可能不仅仅是市场份额,而是在牌桌上打牌的机会!

二、全民科学素质教育的春天来临

1. 全民科学素质教育是发展新质生产力的"地基工程"

国家对提高公民科学素质工作十分重视，2021年6月，国务院发布《全民科学素质行动规划纲要（2021—2035年）》，提出了目标——2025年目标：我国公民具备科学素质的比例超过15%。2035年远景目标：我国公民具备科学素质的比例达到25%。

并提出在"十四五"时期实施五项提升行动：

（1）青少年科学素质提升行动。

（2）农民科学素质提升行动。

（3）产业工人科学素质提升行动。

（4）老年人科学素质提升行动。

（5）领导干部和公务员科学素质提升行动。

需要强调的是，青少年科学素质教育是发展新质生产力"地基工程"中的桩基工程，它不但对未来很重要，而且将再度成为热门行业。

2. 全员科学素质教育是企业发展新质生产力的"地基工程"

企业应该重视科学素质教育，采取多种措施提高员工的科学素质和创新能力，因为它是企业发展新质生产力的"地基工程"。

需要指出的是，很多企业没有真正意义上的科学素质教育，多半只是与业务相配套的专业培训。

以下是八大建议，帮助企业从基础开始实施科学素质教育：

（1）建立科学素质目标：企业应明确科学素质教育的目标，确保员工具备基本的科学知识和技术能力，同时鼓励员工在专业领域深入学习和探索。

（2）制订科学素质教育计划：企业应制订详细的科学素质教育计划，包括课程设置、培训内容、教学方法等，确保员工能够系统地掌握科学知识和技能。

（3）提供多元化的学习资源：企业应提供多元化的学习资源，如在线课程、讲座、研讨会、实践操作等，满足不同员工的个性化需求。

（4）建立学习平台：企业应建立学习平台，方便员工随时随地学习，同时提供在线交流和讨论功能，促进员工之间的互动和学习。

（5）鼓励实践应用：企业应鼓励员工将所学知识应用到实际工作中，通过实践提高科学素质和创新能力。

（6）建立激励机制：企业应建立科学素质教育的激励机制，对在科学素质和创新能力方面表现优秀的员工给予奖励和表彰，激发员工的积极性和创造力。

（7）加强与高校和研究机构的合作：企业应加强与高校和研究机构的合作，共同开展科技研究和人才培养，提高员工的科学素质和技术水平。

（8）定期评估和改进：企业应定期评估科学素质教育的实施效果，针对存在的问题进行改进和优化，确保教育计划的有效性和适应性。

产业风向标　科学素质教育及相关产业

新质生产力必然掀起新的"淘金热"。19世纪中叶，美国加州发现了大量天然金矿，吸引了很多人前来淘金，包括17岁的犹太人亚默尔。亚默尔最终放弃淘金而选择为淘金者卖水而成为富翁。

淘金还是卖水，是一个有趣的选择问题。因为在发展新质生产力的大潮中将涌现出一批为"淘金者"服务的新的生产性服务业和生活服务业，提供科学素质教育就是一个不错的项目。

自2024年起，青少年科学、技术、工程、数学（STEM）教育，全民科学素质教育，以及面对企业的第三方科学素质教育将迎来发展高潮。既然是科学素质教育，利用科技手段教学是加分动作。

青少年STEM教育。用AR、VR、MR和元宇宙手段，以及游戏化趣味性方式来教学，更能够引起孩子们的兴趣。

成人科学素质教育与成人 STEM 教育。目前基本没有成人科学素质教育与成人 STEM 教育，算是一个市场空白，科技化手段、游戏化趣味性学习方式会吸引成人。尤其是针对政府客户、宝爸宝妈客户、老年人客户等利基市场，应该很有前途。

面对企业的第三方科学素质教育。面对企业的第三方科学素质教育会成为一个风口，将迎来更大的商机。其目的是传播世界科技资讯、科技思维、科技技术、科技企业商业模式等，帮助企业员工提升科学素养，启发科技研发思维，链接科技人才和资源，研讨科技商业模式，助力企业提升科技竞争力。但如果没有足够吸引企业的教育产品，这个项目不好做，甚至是一个"伪命题"。

三、新质生产力时代，所有企业都将"重科技，善创新"

科技革命"日新周异"，所有传统产业都可以重做一遍，借助科技创新，变成新质生产力。

以制造业为例，随着科技的不断发展，智能制造成为制造业转型升级的主要方向。智能制造能够提高生产效率、降低能耗和减少人力成本，从而提升企业的竞争力。

具体来说，智能制造通过运用物联网、大数据、人工智能等技术，实现生产过程的智能化和信息化。在智能制造的生产线上，机器人和自动化设备取代了传统的人工操作，实现了高效、精准的生产。同时，通过大数据分析，企业可以对生产进行实时监控和优化，进一步提高生产效率和产品质量。

此外，智能制造还可以实现个性化定制和柔性生产，满足消费者多样化的需求。消费者可以通过互联网平台或手机应用程序，对产品的颜色、尺寸、材料等提出个性化需求，企业根据消费者需求进行定制化生产。这种个性化定制的生产方式不仅满足了消费者的需求,还进一步提高了企业的生产效率和销售业绩。

除了制造业,农业也是一个可以借助科技创新进行转型升级的传统产业。以智能农业为例,通过运用物联网、大数据、无人机等技术,农业生产也可以实现智能化和精准化。在智能农业中,传感器和气象站等设备设施对农田进行实时监测,收集土壤、气候、病虫害等数据,通过大数据分析,对农田进行精细化管理。无人机和自动驾驶的农用机械取代了传统的人工耕作,提高了农业生产效率和质量。

除了制造业、农业外,生活性服务业、生产性服务业等都可以重做一遍,都可以借助科技创新,变成新质生产力。一个千行百业新质生产力化的时代已经来临!

因此,传统产业企业通过科技创新转型升级,新兴产业和未来产业的高科技企业通过科技创新不断跃迁,"重科技,善创新"将成为所有企业发展永恒的主题。

三、中国独角兽丛生成为可能

新质生产力时代是一个科技升级时代,无论对于传统产业企业还是对于新兴产业和未来产业企业,都是如此。

1. 一切企业都有成为独角兽企业的可能

传统产业企业正装上科技"心脏"变成科技化的企业,与高科技企业共舞。

案例 可生食鸡蛋品牌黄天鹅

2021年10月,可生食鸡蛋领域凤集食品集团黄天鹅品牌主导国内首个产、学、研、商共同参与制定了(T/CAI 008—2021)《可生食鸡蛋》

团体标准。"可生食鸡蛋"代表着一整套高标准、高技术的蛋品生产体系：从鸡的品种、饲料、水源、鸡舍卫生，到成品蛋都有严格规范。

2022年1月26日，黄天鹅宣布，已完成规模为6亿元人民币的C轮融资，创下近些年基础食材领域中鸡蛋品牌融资金额最大的纪录。其估值已经突破10亿元人民币，离独角兽企业的目标越来越近。

黄天鹅创始人冯斌简介：1972年出生；1994年7月至1996年4月就职于绵阳国营华丰无线电器材厂；1996年4月至2003年4月就职于四川铁骑力士实业，任科长；现任凤集食品集团有限公司董事长。2014年毕业于中欧商学院，研究生学历。在鸡蛋行业已砥砺前行了20余年。

新兴产业和未来产业企业从诞生之日起就被科技全副武装，而且每天都在科技创新的路上"打怪升级"。

案例 民营商业航天企业东方空间公司

2024年1月11日13时30分，东方空间技术（山东）有限公司（以下简称"东方空间公司"）自主研制的"引力一号"运载火箭在山东海阳附近海域顺利升空，将云遥一号18~20星共3颗卫星送入预定轨道，发射任务取得圆满成功。"引力一号"由民营商业航天企业东方空间公司自主研制，创造了全球最大固体运载火箭、中国运力最大民商运载火箭、中国首型捆绑式民商运载火箭等多项纪录，首飞即采用难度较高的海上发射，标志着我国商业运载火箭自主创新取得重大进展。

2024年1月24日，东方空间宣布完成近6亿元人民币B轮融资，本轮由梁溪科创产业母基金（博华资本管理）、申银万国投资、洪泰基金、新鼎资本等新机构投资，老股东山行资本、民银国际、鼎和高达等继续加持。东方空间估值突破60亿元人民币，正在成为独角兽公司。

东方空间联合创始人兼联席CEO姚颂简介：1992年出生；2011年，姚颂凭借全国中学生物理竞赛奖项，保送到清华大学攻读电子工程专业，大学期间曾前往斯坦福大学访学；本科毕业后，姚颂于2016年创办深鉴科技专注AI芯片，该公司于2018年被赛灵思以3亿美元的价格收购，成为中国AI领域第一家实现退出的创业公司；深鉴科技被收购后，姚颂兼职做了经纬中国的风险合伙人。2021年，姚颂还作为创始合伙人发起SEE Fund无限基金，关注集成电路、智能工业、新材料与新能源等领域，帮助清华大学成果转化；2021年10月正式加入东方空间。

2. 新质生产力独角兽企业创始人基因

对比两家企业创始人履历，我们可以找到传统产业企业和新兴产业企业成为新质生产力独角兽企业的创始人基因。

这个基因是什么呢？我把它称为"新咖基因"。

一切过往，皆为序章。"大咖"是对过去成功的肯定，但不一定成为新质生产力的"新咖"。

如何成为"新咖"呢？下面分传统产业人和新兴产业人两类人来谈。

所谓传统产业人和新兴产业人是相对概念。传统产业人就是过去干过传统产业的人士，新兴产业人是过去根本没干过传统产业而直接干新兴产业的人士。成为"新咖"要有"新咖基因"，包括"新咖必要基因"和"新咖充分基因"。

（1）"新咖必要基因"。传统产业人基本是"时间磨砺型＋经验成长型"的组合，容易受到经验束缚和思维定式束缚。传统产业人必须跳出这两种束缚，从"有界"到"跨界"，再到"无界"和"无畏"，经过反复试错和修正，最后可能修成正果，成为"新咖"。所以"跨界""无界"和"无畏"就是传统产业人的"新咖必要基因"。

新兴产业人没有干过传统产业，甚至任何产业都没有干过，是白纸一张，没有经验束缚和思维定式束缚。他们心中"无界"，无所谓"跨界"，直接进入"无界"和"无畏"状态，经过反复试错和修正，最后可能修成正果，成为"新咖"。所以"无界"和"无畏"就是新兴产业人的"新咖必要基因"。

经验者有作为，可能畏首畏尾。无经验者无作为，可能无所畏惧！

所以，对有志于新质生产力创业的年轻人来说，不需要妄自菲薄。"无经验""无资历""无资金"可能都不是短板，而是没有"包袱"，更容易切入新质生产力新赛道，进入科研创新和产业创新之中。青年强，则新质生产力强。

有了"新咖必要基因"，不一定能够成为"新咖"，因为还需要"新咖充分基因"。

（2）"新咖充分基因"。"新咖充分基因"就是搜罗能力和融合能力。中搜科技创始人陈沛老师讲过"搜商"。在发展新质生产力的时候，要有搜商思维。不需浪费资源和时间，把新兴技术和新兴产业重来一遍，只需要搜罗到新兴技术和新兴产业，用融合的办法融合新技术和新产业，或者融合新技术和新产业背后的团队。这样就等于站在小巨人的肩膀上，成为小巨人或中巨人，有朝一日长成大巨人。

"跨界""无界"和"无畏"（或"无界"和"无畏"）的"新咖必要基因"，加上搜罗能力和融合能力的"新咖充分基因"，就是"新咖基因"，也就是独角兽企业创始人基因。

大咖皆为过往，"新咖"正在丛生，"新咖"纵横即将成为现实。能否成为"新咖"，成为新英雄、新王者，一切都在于你有没有"新咖基因"。

正是由于越来越多的企业变成独角兽企业，独角兽在960多万平方公里的神州大地上丛生的现象成为可能，中国龙正张开双臂热烈拥抱独角兽！

思考：如果你在做企业，你的企业可能发展成独角兽吗？如果你想创业，你想做一家独角兽企业吗？

第二节
青龙时代

> **案例** 杨浦滨江从"工业锈带"向"工业秀带""生活秀带"跨越

在上海市杨浦滨江,曾经的煤灰仓的顶部平台铺满了太阳能光伏板。这一"零碳智慧综合能源中心",通过光储充一体化系统变为巨大的"充电宝",为周边的咖啡馆、岸电充电桩、景观照明设施等持续提供绿色电力,生动展现了杨浦滨江从"工业锈带"向"工业秀带""生活秀带"的跨越,彰显了绿色生产力的巨大潜力。

绿色化不仅是企业 ESG 的重要评价指标,还是对企业经营管理和产品开发的硬性要求。社会舆论监督,政府出台法规管控,将倒逼企业加速产品和产业的绿色化进程。

新质生产力就是绿色生产力,绿色发展是高质量发展的底色,新质生产力本身就是绿色生产力。所以,发展新质生产力,就是发展绿色经济。

在中国文化中,青龙是四神兽之一,代表着东方、春季、生命、希望、繁荣与吉祥等多重象征意义,用它来代表绿色经济乃是天经地义。所以新质生产力时代是绿色经济时代——青龙时代。注意,这是青龙时代,不是作家王小波的《青铜时代》。

绿色经济时代,必须加快发展方式绿色转型,发展绿色低碳产业和供应链,构建绿色低碳循环经济体系。

绿色低碳循环经济体系包含四大要素:绿色发展理念、绿色科技创新、绿色产业和绿色金融,如图 2-1 所示。

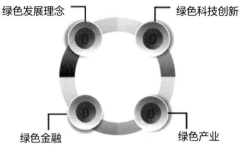

图 2-1 绿色低碳循环经济体系

企业必须抓住新质生产力时代的机遇，秉持绿色发展理念，加快绿色科技创新，研发先进绿色技术，做强绿色产业，掘金绿色经济。

一、绿色发展理念

绿色发展是以效率、和谐、持续为目标的经济增长和社会发展方式。贯彻绿色发展理念不再是企业一家的事情，而是全球、全社会的要求，各国政府都在积极推进。不贯彻绿色发展理念，企业将失去生存发展空间。

> **资料** 碳足迹管理
>
> 提升产品"含绿量"仅靠企业控制生产过程的碳排放是远远不够的，还要控制产品全生命周期的碳排放，这就必须实施产品碳足迹管理。
>
> 什么是产品碳足迹？
>
> 所谓"产品碳足迹"是指在产品或服务的整个生命周期中累计排放的二氧化碳和其他温室气体的总量。踏雪有痕，抓铁有印。每件产品从诞生到消亡，都会产生碳足迹。
>
> 近年来，碳足迹受到越来越多的重视。一些国家已逐步建立起重点产品碳足迹核算、评价和认证制度，以碳足迹为核心的供应链管理体系已现端倪。

2023年10月，全球首个"碳关税"——欧盟碳边境调节机制启动试运行。自此，首批纳入欧盟碳边境调节机制的水泥、电力、化肥、钢铁、铝和氢六个行业相关产品在出口至欧盟国家时，需提供碳排放数据；2026年开始，还需为商品制造时释放的温室气体数量交税。欧盟"碳关税"的实施，倒逼中国制造业企业加快开展产品碳足迹核查的步伐。

2023年11月，国家发展改革委等五部门联合发布《关于加快建立产品碳足迹管理体系的意见》，为我国产品碳足迹管理体系建设设定了"路线图"。2024年政府工作报告提出，提升碳排放统计核算核查能力，建立碳足迹管理体系，扩大全国碳市场行业覆盖范围。

目前，中国大部分企业尚未建立碳管理体系，企业技术人员普遍缺少碳技能和碳知识。可喜的是2024年年初，"苏州市产品碳足迹管理云平台"正式上线，企业只要填写产品相关原辅料使用、能源使用等数据，便可智能生成标准化的产品碳足迹报告。

产品碳足迹可以反映一件产品的环境友好程度，组织碳足迹则可用于发掘企业减排潜力、提升企业竞争力。产品碳足迹管理倒逼组织碳足迹管理的提升，这是一个"自利利他，双向奔赴"的绿色低碳管理机制，让企业、产品和产业的"绿色化"真正落地，毫无疑问，谁先率先实施谁就最先受益。

二、绿色技术与绿色科技创新

绿色技术是指能减少污染、降低消耗和改善生态的技术体系，包括保护环境、改造生态的知识、能力或物和物质手段三个要素。

绿色技术不是指一单项技术，而是一个绿色技术群，包括绿色能源技术、绿色材料技术、生物技术、污染治理技术、资源回收技术、环境监测技术，以及从源头、过程加以控制的清洁生产技术，如图2-2所示。根据着眼点，绿色技术又可分为以减少污染为目的的"浅绿色技术"，和以处置废物为目的的"深绿色技术"。

图 2-2　绿色技术群

企业进行绿色科技创新可以从以下几个方面入手：

1. 企业自主创新

企业是绿色科技创新的主体，应该积极探索绿色技术的研发和应用。一方面，企业要加强与科研机构之间的合作，形成产学研一体化的绿色科技创新体系。另一方面，企业可以通过建立自主的绿色科技研发中心、引进高端人才、加强技术研发和成果转化等方式，提升自主创新能力。同时，企业应该积极推广绿色生产方式，提高产品的环保性能和可持续性。

2. 积极寻求政策支持

政府一般通过制定绿色科技产业规划、财政补贴、税收减免、信贷优惠等政策措施，鼓励企业进行绿色科技创新。因此，企业应积极寻求政府的支持，将企业纳入绿色科技产业的规划之中，利用好财政补贴、税收减免、信贷优惠等政策措施，加强创新，行稳致远。

3. 积极接受环保组织和社会监督

环保组织和社会公众可以通过对企业的监督和评价，推动企业进行绿色科技创新。环保组织可以为企业提供环保技术和信息支持，帮助企业解决环保问题。社会公众可以关注企业的环保表现，对企业的环保行为进行监督和评价，推动企业履行环保责任。企业应该积极接受环保组织和社会监督，加强沟通与互动，获得支持和帮助，这些不但能够提升企业社会形象，还可能让企业因此获得更多的订单。

4. 加强国际合作与交流

企业可以通过国际合作与交流，引进国外先进的绿色科技和经验，提高自身的绿色科技创新水平。企业可以与国际知名企业、科研机构建立合作关系，共同研发绿色技术，推动绿色科技创新的国际合作与交流。

总之，企业进行绿色科技创新需要政府、企业、环保组织和社会公众的共同努力。通过寻求政策支持、自主创新、接受环保组织和社会监督，以及加强国际合作与交流等方面的措施，企业可以推动绿色科技创新，实现经济和环境的可持续发展。

三、绿色产业

1. 什么是绿色产业

绿色产业是指采用清洁生产技术、无害或低害工艺，降低原材料和能源消耗，实现低投入、高产出、低污染的产业。绿色产业不仅关注生产过程中的投入与污染物排放，还涵盖了产品本身的质量和环保性能。具体来说，绿色产业可分为以下几类：

（1）节能环保产业：涉及资源能源节约和循环利用以及生态环境保护的装备制造等产业活动，包括新能源汽车、绿色船舶制造、资源循环利用装备、节能改造设备等。

（2）清洁生产产业：主要涉及废物减量化、资源化和无害化的相关产业，如先进的清洁装备制造等。

（3）清洁能源产业：包括清洁能源和新能源装备制造，以及清洁能源设施建设及运营等，旨在构建清洁、高效、系统化应用能源生产体系的装备制造及相关设施建设运营。

（4）生态环境产业：主要服务于我国的生态系统保护修复，优化及提升生态系统屏障的质量和稳定性，如生态农业、生态修复等。

（5）基础设施绿色升级：包括绿色建筑、绿色交通、环境基础设施、园林绿化等，这些与居民生活的绿色幸福指标息息相关。

（6）绿色服务：为相关绿色产业提供智力支持和专业化服务的产业，如检测、技术产品认证和推广、项目运营管理、咨询服务等。

（7）传统产业升级改造。加强资源节约、环境保护技术的研发和引进消化，对重点行业、重点企业、重点项目以及重点工艺流程进行技术改造，提高资源生产效率，控制污染物和温室气体排放。制定更加严格的环境、安全、能耗、水耗、资源综合利用技术标准，严格控制高耗能、高污染工业规模。依法关闭一批浪费资源、污染环境和不具备安全生产的落后产能。采用信息技术改造提升传统产业。

（8）资源综合利用产业。我国累计堆存工业固体废弃物近70亿吨，大量的废旧资源没有得到回收利用，随着蓄积量的不断增加，产业发展空间很大。一要组织开展共伴生矿产资源和大宗固体废物综合利用、"城市矿产"餐厨废弃物资源化利用、秸秆综合利用等循环经济重点工程。二要大力推动再制造产业发展。三要加强再生资源回收体系建设，尽快建设完善以城市社区和乡村分类回收站和专业回收为基础、集散市场为核心、分类加工为目的的"三位一体"再生资源回收体系。四要推动再生资源国际大循环，增强国际再生资源的获取能力。

（1）~（6）是狭义的绿色产业，（7）和（8）是广义的绿色产业。所以，任何企业都不要将自己的产业划分在绿色产业之外，那不单纯会错失发展绿色产业的良机，还可能因此犯错误。

2. 绿色产业指导方针

国家对绿色产业的指导方针是，加快绿色科技创新和先进绿色技术推广应用，做强绿色制造业，发展绿色服务业，壮大绿色能源产业，发展绿色低碳产业和供应链，构建绿色低碳循环经济体系。

为构建绿色低碳循环经济体系，国家也会在以下几个重点方面加大工作力度：

（1）推动产业结构调整和转型升级：加快实施钢铁、石化、化工、有色、建材、纺织、造纸、皮革等行业绿色化改造。鼓励发展生态种植、生态养殖，加强绿色食品、有机农产品认证和管理。发展生态循环农业，提高畜禽粪污资源化利用水平，推进农作物秸秆综合利用，加强农膜污染治理。

（2）提升能源利用效率：以非化石电力替代传统煤电，循序渐进推动新旧能源间优化组合和有序替代，对资源条件优势地区给予"煤改气"支持，鼓励地方和企业通过自建分布式光伏、绿电绿证交易等方式提高电力消费结构中非化石占比。加快用能设施电气化改造，适度增加富氢原料比重。

（3）促进资源循环利用：建立健全资源循环利用体系，促进各类生产和生活性废弃物的减量化、资源化和无害化处理，推动废钢铁、废有色金属等再生资源的循环利用，提高资源利用效率。

（4）加强科技创新和技术研发：加大对绿色技术的研发力度，鼓励企业加快引进先进适用的绿色技术和设备，推广应用清洁生产技术、资源综合利用技术等，提高生产效率和资源利用率。同时，推动建立绿色技术创新平台和产业联盟，加强产学研合作和技术成果的转化应用。

（5）完善法规标准和政策体系：制定和完善绿色产业的法规标准和政策体系，强化对绿色产业的引导和支持，规范市场秩序，推动产业健康发展。同时，加强对绿色产业的监管和服务，建立健全绿色产业统计监测体系，及时掌握产业发展动态。

四、如何利用绿色金融发展绿色产业

绿色金融是指对环保、节能、清洁能源、绿色交通、绿色建筑等领域的项目投融资、项目运营、风险管理提供的金融服务。它旨在促进可持续发展和环境保护，通过金融手段引导资金流向绿色产业，推动经济向绿色化转型。

企业可以利用绿色金融发展绿色产业，具体从以下几个方面入手。

1. 了解绿色金融政策

企业应了解国家和地方政府关于绿色金融的政策和法规，掌握绿色金融的投融资政策和优惠措施。这有助于企业把握绿色金融市场的机会和趋势，更好地制定绿色产业发展战略。

2. 建立绿色产业规划

企业应根据自身的实际情况和市场需求，建立绿色产业发展规划。企业应明确绿色产业的发展目标、重点领域和投资计划，并以此为基础制订相应的绿色金融融资计划。

3. 创新绿色金融产品和服务

企业应积极创新绿色金融产品和服务，以满足不同阶段的融资需求。例如，企业可以利用绿色债券、绿色基金、绿色保险等产品进行融资，也可以通过绿色保险、绿色信贷、绿色股票等产品优化资产结构。

案例 创造金融新质生产力，绿色保险科研添新军

2024年3月16日，复旦大学保险应用创新研究院揭牌成立。该研究院是复旦大学和中国太平洋保险（集团）股份有限公司共建的实体运

行科研机构。研究院致力于打通基础研究与保险应用场景，打造"产学研政用"五位一体的新型研究机构。

据了解，研究院成立后，将以经济、金融学科为主体，整合人工智能、大数据、医学、公共卫生、环境、社会保障等多学科力量，推动学科、教育、人才力量与产业资源深度融合，重点打造四大研究平台：绿色保险研究所、商业健康养老保险研究所、普惠保险研究所、数字保险研究所。（资料来源：上观号第一教育，《创造金融新质生产力，复旦大学保险应用创新研究院来啦！》，2024年3月17日。）

4. 加强与金融机构的合作

企业应加强与金融机构的合作，建立长期稳定的合作关系。企业可以通过与金融机构的合作，获得低成本的资金支持和专业的金融服务，推动绿色产业的发展。

5. 参与国际绿色金融合作

企业可以参与国际绿色金融合作，引进国际先进的绿色金融理念和经验，提高自身的绿色金融管理水平。这有助于企业拓展国际市场，提高国际竞争力。

6. 建立绿色信用体系

企业应建立绿色信用体系，完善自身的信用管理制度。企业的信用对于融资具有重要影响，良好的信用记录可以帮助企业更低成本融资。

7. 加强风险管理

企业在利用绿色金融发展绿色产业的过程中，应加强风险管理。企业应建立健全的风险管理制度和体系，对市场风险、信用风险等进行全面评估和管理，确保企业的稳健发展。

总之，企业利用绿色金融发展绿色产业要从多个方面入手，注重政策支持、产品创新、金融服务、合作交流、风险管理等方面的措施。通过加强自身管理和市场拓展，企业可有效利用绿色金融推动可持续发展。

新质生产力时代是绿色经济时代，企业要秉持绿色发展理念，加快发展方式转型，进行绿色科技创新，发展绿色产业。这不单纯是社会责任，更是抓住新质生产力时代的战略机遇、获得时代红利的睿智选择。

青龙时代，与龙共舞，乘龙腾飞。

思考： 在中央政治局第十一次集体学习时，习近平总书记明确提出：加快绿色科技创新和先进绿色技术推广应用，做强绿色制造业，发展绿色服务业，壮大绿色能源产业，发展绿色低碳产业和供应链，构建绿色低碳循环经济体系。如果你是企业家或者创业者，你从这段话中嗅到了什么商机？

第三节
麒麟时代

> **案例** 穿越时空而来的"李白"

"天门中断楚江开，碧水东流至此回。"

"我呀写诗在行，当主持人可是人生头一回哦。"

"数字赋能？我也有所耳闻，听说在刚刚举行的马鞍山'新春第一会'上，它可是个关键热词啊！"……

2月25日晚，2024马鞍山数媒融合发展大会在国民偶像诗仙"李白"

爽朗的笑声中拉开帷幕。

这是马鞍山首次呈现 AI 虚拟人物实景出场，主持人"李白"更是现场"亲声"献唱了一首关于马鞍山的歌曲《诗的城》，带来动感酷炫的国潮风表演，赢得了台下嘉宾的阵阵掌声。

穿越时空而来的"李白"，正是马鞍山这座城市向"新"而行、耕"云"不辍、加"数"奔跑的生动缩影。（资料来源：中安在线，2024 年 2 月 26 日。）

生产力决定文化，文化促进生产力的发展。新生产力决定新文化，新文化促进新生产力的发展。所以，新质生产力需要新文化来促进发展，新质生产力时代也是一个文化升级时代，是新文化时代。

麒麟是一种中国文化符号，因为"麒麟送书，孔子降生"等美好传说，我们用麒麟代表新质生产力时代的新文化，将新质生产力时代称作"麒麟时代"。

在新质生产力时代，所有企业都将追逐新文化麒麟，用新文化赋能企业，吸引用户，获得丰厚的经济效益，产生广阔的社会效益。

一、文化是放大新质生产力价值的生产要素

在新质生产力时代，文化、技术、知识、劳动、管理、数据等无形的东西都可以成为生产要素，可以资产化、资本化，可以成为吸引用户、实现变现的 IP，创造比土地、资本等要素还要多得多的现金流，而文化和技术是重中之重！

文化被认为是放大新质生产力价值的重要生产要素，主要基于以下几个原因。

1. 创造力和创新力的源泉

文化提供了一个创新和创造的土壤。在新的技术和社会背景下，文化能够激发人们的创造力，引导他们思考新的方式来实现生产力的提

升。例如，艺术和文学可以启发工程师和科学家，促使他们探索新的科技领域和解决问题的方法。

2. 引领社会价值观

文化反映了社会的价值观和信仰，它不仅影响人们对世界的认知，还影响他们的行为和决策。在生产过程中，文化的引导作用可以帮助人们更好地理解新的生产力，从而更有效地应用和推广这些新技术。

3. 提升人的精神境界

文化的最终目标是满足人的精神需求。在新质生产力的背景下，文化的这一功能尤为重要。文化提升人的精神境界，人们可以更好地理解和接受新的生产力，将其价值最大化。

4. 形成品牌和信誉

品牌和信誉是生产力的市场表现。文化可以塑造品牌形象，提升产品的信誉和吸引力。这不仅有助于产品在市场上的推广，还可以提高其市场价值。

5. 增强社会凝聚力

文化是一个社会的黏合剂，它可以增强社会的凝聚力，使人们更好地协作和合作。在新质生产力理念的推广和实施过程中，这种协作和合作的能力至关重要。一个有凝聚力的社会更有可能充分利用新质生产力的潜力。

新质生产力需要什么样的新文化来促进发展呢？这就必须了解新质生产力时代的新文化是怎样炼成的。

二、新质生产力时代的新文化是怎样炼成的

新质生产力时代的新文化，可以称为"新质文化"。如果用一个公

式来表达"新质文化",应该是怎样的呢?我认为是:新质文化 = "老文化" × 新科技或者新表达。其中,"老文化" = 中华优秀传统文化 × 世界优秀传统文化。

对于世界优秀传统文化,我们要去其糟粕,取其精华。在中国这片土地上,我们还是要高度重视中华优秀传统文化,因为这是我们的根和魂。

(一)中华优秀传统文化

中华优秀传统文化主要包括以下几个方面。

1. 儒释道文化

儒家思想是中华传统文化的重要组成部分,它强调的是人与人之间的关系、道德标准和政治哲学。儒家经典如《论语》《大学》《中庸》等,对中国人的价值观和道德观产生了深远的影响。

"佛家"指佛教,或与佛教相关的,简称"释"。倡导一心向善、因果轮回等思想。

道家思想是源自中国本土的思想,有辩证法因素和无神论的倾向。最早追溯到春秋战国时期,道家用"道"来探究自然、社会、人生之间的关系。道家提倡道法自然、无为而治、与自然和谐相处。代表人物有老子、庄子、列子等。其学说以"道"为最高哲学范畴,认为"道"是世界的最高真理,"道"是宇宙万物的本源,"道"是宇宙万物赖以存在的依据。

儒、释、道构成中国传统文化三大精神支柱。

2. 中华武术

中华武术是中国传统文化中的一块瑰宝,它不仅是一种体育运动,更是一种文化和哲学的体现。武术注重身体素质、技术技巧以及道德修养,体现了中国传统文化中"以德为先,以武为辅"的价值观。

3. 中国书法

书法是中国传统文化中的重要艺术形式,它不仅是一种文字艺术,更是一种修身养性的方式。通过练习书法,人们可以体验到笔墨之韵、章法之美,感受到中国传统文化的独特魅力。

4. 中国画

中国画是中国传统绘画艺术的重要代表,它强调的是意境、气韵和形式美。中国画注重笔墨运用、线条表现和色彩搭配,通过绘画表达出对自然、社会和人生的感悟。

5. 中国传统音乐

中国传统音乐包括民歌、曲艺、器乐等多种形式,其旋律优美、内涵丰富。传统音乐不仅是一种音乐艺术,更是一种文化传承和情感表达的方式。

6. 中国传统节日

中国传统节日如春节、清明节、端午节、中秋节等,是中国传统文化的重要组成部分。这些节日有着悠久的历史和深厚的文化底蕴,反映了中华民族的传统价值观和文化特色。

7. 中国古典文学

中国古典文学如《诗经》《楚辞》《唐诗》《宋词》等,是中国传统文化中的重要组成部分。这些文学作品不仅具有文学价值,更是一种文化传承和思想表达的方式。

8. 中医中药

中医中药是中国传统医学的重要组成部分,它注重整体观念和辨证施治，强调预防保健和调理身体。中医中药在中华民族的历史上发挥了重要作用，至今仍被广泛应用。

（二）新科技或者新表达方程式

如果用一个公式来表达新科技或者新表达，应该是怎样的呢？我们认为是：新科技或者新表达 $=X \times Y$。其中，$X=$ 创造性转化，$Y=$ 创新性表达。

1. 传统文化的创造性转化

传统文化的创造性转化是指将传统文化元素与现代文化相结合，使其适应现代社会的需求和价值观，同时保持其核心精神和独特性。

传统文化的创造性转化需要从多个维度进行，具体包括以下几个方面：

（1）尊重和保护传统文化：在创造性转化的过程中，首先要尊重和保护传统文化的独特性和价值，确保传统文化的核心要素得到保留和传承。同时，要认真研究和理解传统文化的特点和内涵，为创造性转化提供坚实的基础。

（2）创新思维和方式：创造性转化的关键在于创新。要对传统文化进行深入剖析，挖掘其中的优秀元素，结合现代社会的需求和价值观，创造出具有时代感和新颖性的文化产品。同时，要积极探索新的表现形式和传播方式，使传统文化在现代社会中焕发新的活力。

（3）与现代文化融合：创造性转化需要将传统文化与现代文化进行融合。要关注当代社会的文化发展趋势和潮流，将传统文化元素与现代艺术、科技、时尚等领域相结合，创造出具有时代特色的文化成果。同时，要保持传统文化的核心精神和独特性，防止传统文化被现代文化同化和消解。

（4）跨文化交流与合作：在全球化的背景下，创造性转化还需要注重跨文化交流与合作。要积极探索与世界其他文化的交流途径，借鉴和吸收各国文化的优秀元素，丰富和发展本国传统文化。同时，要通过国际交流与合作，宣传和推广本国传统文化的特色和价值，增强国际社会对传统文化的认知和理解。

（5）持续改进和发展：创造性转化是一个持续不断的过程。要不断审视和反思传统文化的内涵和表现形式，根据时代需求和社会发展，对传统文化进行适时的调整和改进。同时，要关注新形势下社会价值观和文化需求的变化，不断创新和发展传统文化，使其更好地适应时代潮流和社会发展要求。

传统文博资源、文化资源的衍生化和产品化是传统文化的创造性转化落地的重要抓手，可以从以下五个方面入手。

（1）传统工艺与现代设计结合：许多传统工艺如刺绣、剪纸、木雕等，通过与现代设计的结合，创造出既具有传统文化韵味又符合现代审美需求的艺术品。这种转化不仅使传统工艺得以传承，还为现代设计提供了新的灵感和素材。

（2）经典故事改编：一些经典的传统故事或文学作品，如《西游记》《红楼梦》等，通过改编成现代影视作品、戏剧、动画等形式，吸引了年轻观众并传播了传统文化价值观。这种转化使传统故事或文学作品在当代社会中焕发新的活力。

（3）传统节日活动创新：传统节日如春节、端午节、中秋节等，通过注入新的元素和活动形式，使其更具有时代感和参与性。例如，通过举办现代文化活动、创意市集、民俗表演等，吸引年轻人群参与，使传统节日在现代社会中得到更好的传承和发展。

（4）传统音乐与现代音乐融合：一些音乐家将传统音乐与现代音乐元素相结合，创造出既具有传统文化底蕴又具有现代感的音乐作品。这种转化使传统音乐在现代社会中更具有传播力和影响力。

（5）传统教育与现代教育融合：在教育领域，将传统文化知识与现代教育方法相结合，可以使学生更好地理解和传承传统文化。例如，通过开设传统文化课程、举办文化讲座、组织文化体验活动等，促进学生对传统文化的兴趣和认同感。

2. 传统文化创新性表达

传统文化创新性表达有多种方式，用新科技表达越来越受到欢迎。

（1）虚拟现实技术：利用虚拟现实技术，可以创建出传统艺术、文物、建筑等的虚拟展示和互动体验，让观众身临其境地感受传统文化的魅力。例如，故宫博物院利用虚拟现实技术，为观众呈现了古代皇宫的壮丽场景，让观众仿佛穿越时空，亲身体验古代中国皇宫的历史。

（2）增强现实技术：通过增强现实技术，可以将传统文化元素与现实生活相结合，创造出新颖、有趣的互动体验。例如，一款名为"活字印刷"的增强现实游戏，玩家可以在游戏中体验古代印刷术的魅力，同时了解汉字文化和历史。

（3）数字化艺术：数字化艺术可以将传统艺术内容与现代艺术形式相结合，创造出具有创新性和时代感的艺术作品。例如，艺术家利用数字绘画技术，将中国传统的水墨画与现代数字艺术相结合，呈现出别具一格的艺术风格。

（4）数字化文化遗产：通过数字化技术，可以对文化遗产进行数字化保存和传承，使传统文化在现代社会中得以延续和发展。例如，数字化图书馆可以将珍贵的古籍文献数字化保存，使后人能够便捷地了解和继承中国优秀的传统文化。

（5）科技与传统节日活动结合：将科技与传统节日活动结合，可以增加节日的互动性和趣味性，使传统文化更加贴近现代人的生活。例如，在中秋节期间，可以通过虚拟现实技术让观众体验传统的赏月场景，或者通过增强现实技术让观众与虚拟的嫦娥互动,增加节日的乐趣。

无论是企业家,还是创业者;无论是 CEO,还是工程师,作为新质生产力时代的新劳动者,都需要了解新质生产力时代新文化的形成机制。不是为了成为新文化学者,而是用新文化赋能新商业,用新商业弘扬新文化。尤其是运用新科技,运用客户或用户喜闻乐见的表达方式,吸引他们,获得营业收入,这才是发展新质生产力的硬道理。

经济下行,文化升级。

文化升级,必有商机。

麒麟出没,必有祥瑞。

你准备好了吗?

思考:经济下行,很多人会去看电影,好莱坞就是在一次次经济危机下发展起来的,由此研究者提出"经济下行,文化上行"的观点,你认同这一观点吗?

第四节
水母时代

案例 没有上市的华为,为什么要公布财务数据

2009 年,华为正在向端到端 ICT(信息与通信)解决方案供应商转型。同时,传统的运营商业务在海外开展并不顺利,有些国外客户顾虑

重重，此时华为新兴的消费者业务（手机终端业务）也需要获得消费者更多认可。

在2009年之前，外界对华为缺乏了解，任正非甚至从不接受媒体采访，显得非常神秘，这给公司的转型带来了障碍。

在这种情况下，华为开始公布各项财务数据，将自己暴露在阳光下，接受社会和客户的检验，传递出我是一个"公众公司"的透明信号，表达出一种负责任的态度，赢得了社会的广泛认可和信任。

2019年，华为开放股权室，与来自全球20多个国家和地区的300多名记者、官员、学者等进行了现场交流，开放、展示华为的股权结构、持股文档、持股员工治理信息名册等信息，深度交流华为的员工持股计划、治理架构设计、治理机构等话题。

任正非说："有人觉得，华为不上市就不透明，哪不透明呢？"

这是一个透明升级的时代，企业及其领军人向阳奔跑，与大众无缝连接，变现从此不再难。

一、新质生产力时代是一个透明升级的时代

新质生产力时代是透明升级的时代，主要原因有三个：一是科技升级，二是社会监督升级，三是大众好奇心升级，如图2-3所示。

图2-3 透明升级时代的三个升级

1. 科技升级

科技升级使得商业和企业变得透明，一个显著的例子是大数据和人工智能技术的应用。这些技术使得企业能够收集、分析和利用大量的数据，从而更好地理解客户需求、市场趋势和运营效率等方面的问题。

首先，大数据技术的应用让企业能够收集到大量的数据，包括客户行为、市场趋势、竞争对手等。通过分析这些数据，企业可以更准确地了解客户需求和市场趋势，从而制定更有效的营销策略和产品开发计划。例如，电商企业可以利用大数据分析用户的购物历史、浏览记录和搜索记录等数据，为每个用户提供个性化的推荐信息和营销信息，从而提高销售效果和客户满意度。

其次，人工智能技术的应用也让企业变得更加透明。人工智能技术可以帮助企业自动化地处理大量的数据和信息，提高决策效率和准确性。例如，智能客服可以通过语音识别和自然语言处理技术，自动回答客户的问题和提供服务，从而提高客户满意度和效率。同时，人工智能技术也可以帮助企业预测市场需求和风险，从而制定更加科学和有效的经营策略。

当然，科技升级也带来了一些挑战。

首先，数据安全和隐私保护成了一个重要的问题。随着数据的大量收集和分析，个人隐私和企业机密可能面临泄露和滥用的风险。因此，企业需要建立严格的数据安全和隐私保护机制，确保数据的安全性和合法性。

其次，科技升级也加剧了信息不对称问题。由于强大的企业能够收集和分析大量的数据和信息，而个人和弱势的企业却很难获取所有的数据和信息，这可能导致利益冲突和信息滥用的问题。因此，企业需要加大监管力度和透明度，确保数据的合法使用和共享。

2. 社会监督升级

社会监督提供了一种外部的、独立的检查和评估机制,使得企业和商业行为更加公开和透明。

一方面,社会监督通过舆论和媒体的力量,将企业的行为公布于众。这使得企业不得不更加注重自身的形象和声誉,采取更加负责任的行为。同时,社会监督也能够揭示出企业的不当行为,例如欺诈、腐败等,从而迫使企业改正错误。

另一方面,社会监督还提供了一种独立的评估机制。例如,消费者可以通过用户评价、产品质量检测报告等方式,更加全面地了解和监督产品的质量和企业的服务水平。这种独立的评估机制有助于消费者做出更加明智的购买决策,同时也迫使企业提高自身的服务水平和产品质量。

社会监督升级让商业和企业变得透明,主要原因在于社会监督的升级提高了信息的流动性和可得性,加强了对企业的外部压力和制约,有助于促进企业之间的公平竞争,推动企业透明化,维护市场的秩序和稳定。

首先,社会监督升级提高了信息的流动性和可得性。随着信息技术的发展,社交媒体、网络平台和大数据等工具的普及,公众能够更加方便地获取和传播企业信息。这使得企业不得不更加注重自身的信息公开和透明度,以满足公众的知情权和监督权。同时,信息流动性的提高也有助于企业更好地了解市场需求、竞争态势和消费者反馈等信息,从而更好地调整经营策略和提高服务质量。

其次,社会监督升级加强了对企业的外部压力和制约。随着社会监督的升级,公众对企业行为的关注度和要求也越来越高。如果企业存在不道德行为或不良行为,很可能会被媒体曝光或被监管机构处罚,这将会对其声誉和形象造成极大的损害。因此,企业需要加强自身的规范和自律,遵守法律法规和社会道德规范,以保持良好的形象和社会信誉。

最后，社会监督升级还有助于促进企业之间的公平竞争。在开放的市场经济中，企业之间的竞争是不可避免的。然而，如果一些企业采取不正当手段进行竞争，例如虚假宣传、价格欺诈等，将会受到社会的曝光和舆论的谴责。这将会影响企业的声誉和市场份额，从而影响其盈利能力。因此，社会监督能够促进企业之间的公平竞争，维护市场的秩序和稳定。

3. 大众好奇心升级

大众好奇心升级也是让企业和商业行为变得公开和透明的一个重要因素。"挖坟"成为部分网民的常规动作，其实主要也是好奇心驱使。

首先，大众好奇心升级使得消费者更加关注企业信息。消费者对企业和产品的关注度越高，对企业信息的获取和了解就越深入。这种关注不仅包括企业的产品质量、价格、服务等方面，还包括企业的经营理念、企业文化、社会责任等方面的信息。随着消费者对企业的了解加深，企业不得不更加注重自身的信息公开和透明度，以满足消费者的知情权和监督权。

其次，大众好奇心升级促进了信息的传播和透明化。在互联网时代，信息传播的速度和范围得到了极大的拓展。大众通过社交媒体、网络平台等渠道获取和传播企业信息，使得企业行为更加透明化。一旦企业存在不道德行为或不良行为，很可能会被公众曝光并引发舆论谴责，这将会对企业的声誉和形象造成极大的损害。因此，企业需要加强自身的规范和自律，遵守法律法规和社会道德规范，以保持良好的形象和社会信誉。

最后，大众好奇心升级也推动了企业创新和进步。随着消费者对企业和产品的关注度提高，企业需要不断推陈出新、提高产品质量和服务水平，以满足消费者的需求。同时，企业也需要加强自身的品牌建设和形象塑造，提高品牌的知名度和美誉度。在这个过程中，大众好奇心成为企业创新和进步的重要推动力。因此，企业需要保持信息公开和透明度，同时加强创新和不断进步。

科技升级、社会监督升级和大众好奇心升级不但让商业和企业变得透明，也让企业家变得透明。企业和企业家想做小动作，掩盖小动作，都将徒劳无益。

企业该怎么办呢？接下来，我们将介绍"沟通视窗理论"，并指出企业应当主动披露以在透明升级的时代存活和发展下去。

二、沟通视窗理论

沟通视窗理论是一种管理理论，由美国心理学家乔瑟夫和哈里在20世纪50年代提出，也被称为"乔哈里视窗"。该理论的核心概念是，人们的信息交流和认知体系可以分为四个象限，如下所示：

A. 公开象限：自己知道，他人也知道的信息。

B. 隐私象限：自己知道，他人不知道的信息。

C. 盲点象限：自己不知道，他人知道的信息。

D. 未知象限：自己不知道，他人也不知道的信息。

这个理论的价值主要体现在以下几个方面。

1. 提高自我认知

通过理解和区分公开象限、隐私象限、盲点象限和未知象限，个人可以更清楚地了解自己的信息交流和认知体系的状态，从而更全面地认识自己。

2. 促进有效的信息交流

理解这个理论可以帮助人们更好地理解信息交流的本质，意识到哪些信息是公开的、哪些是隐私的、哪些是他们不知道但别人知道的，这有助于更有效地进行信息交流。

3. 提升团队合作

这个理论也可以用于团队管理，帮助团队成员更好地理解彼此的信息交流状态，促进更有效的团队合作和知识共享。

4. 推动个人和组织成长

通过不断扩大公开象限，人们可以提升自我认知，促进个人和组织的成长。同时，通过不断减少盲点象限和未知象限，人们可以提升决策的有效性和行动的效率。

三、主动披露

面对科技升级、社会监督升级和大众好奇心升级，企业和个人主动披露自己将会获得主动权和更多好处。

1. 非上市公司披露信息

非上市公司披露信息有很多好处。首先，它可以增加公司的透明度，让投资者更好地了解公司的财务状况和业务运营情况，从而做出更明智的投资决策。其次，通过披露信息，公司可以提高自身的声誉和信誉，增强投资者对公司的信任和信心，为未来的融资和发展打下坚实的基础。最后，披露信息还可以促使公司加强自身的内部控制和风险管理，提高公司的治理水平和管理效率。

对于非上市公司，需要披露的内容主要包括以下几个方面：

（1）公司基本信息：包括公司名称、注册地、注册资本、经营范围、股东结构等。

（2）财务信息：包括财务报表、资产负债表、利润表、现金流量表等，以便投资者了解公司的财务状况和经营成果。

（3）业务运营信息：包括公司的业务模式、产品或服务的销售情况、市场份额、竞争优势等。

（4）治理结构信息：包括公司组织架构、董事会构成、高管薪酬等情况。

（5）其他重要信息：如公司重大资产变化、关联交易、诉讼事项等。

需要注意的是，不同行业的非上市公司需要披露的信息可能有所不同。此外，公司可以根据实际情况自愿披露更多信息，以满足投资者的需求。同时，公司应该保证所披露信息的真实、准确和完整，遵守相关法律法规和会计准则的要求。

2. 企业家或创业者披露个人信息

在新质生产力时代，企业家或创业者披露个人信息有很多好处。

首先，通过披露个人信息，企业家或创业者可以建立自己的个人品牌形象，提高自己的知名度和影响力。这有助于企业家或创业者在商业竞争中获得更多的机会和优势。

其次，披露个人信息有助于增强企业家或创业者的信誉和信任度。通过向外界展示自己的个人信息，企业家或创业者可以向潜在的合作伙伴、投资者和客户展示自己的诚信和可靠性，从而更容易获得他们的信任和支持。

最后，披露个人信息还可以帮助企业家或创业者更好地了解自己的形象和声誉，发现自己的不足之处，及时采取措施进行改进和提升。同时，通过与外界的交流和互动，企业家或创业者可以获得更多的反馈和建议，从而不断完善自己的商业模式和管理方法。

那么，企业家或创业者应该披露哪些个人信息呢？一般来说，需要披露的信息主要包括以下几个方面：

（1）基本信息：包括姓名、年龄、职业经历等。

（2）教育背景：包括学历、专业、实习经历等。

（3）商业理念和价值观：包括对企业及行业的看法、经营理念、商业道德等。

（4）个人成就：包括所获得的荣誉、奖项和所做出的社会贡献等。

（5）个人生活：包括家庭情况、兴趣爱好、社交媒体等。

需要注意的是，披露个人信息时应遵循相关法律法规和道德规范，不得泄露个人隐私和商业机密。同时，企业家或创业者应根据自己的实际情况和需求，选择合适的披露方式和渠道，以最大化信息披露的效果。

3. 分享或曝光

在新质生产力时代，无论是企业，还是企业家或创业者个人，多分享、多曝光可以带来多方面的好处。首先，可以提高企业或个人知名度和品牌形象，从而吸引更多的潜在客户和消费者。其次，可以增加企业或个人的曝光机会，进而增加企业或个人的商业机会和合作可能性。最后，通过企业或个人曝光，可以让更多人了解企业或个人的产品、服务和价值观，提高企业或个人的竞争力。

为了巧妙地曝光，企业或个人可以采用以下几种方式：

（1）社交媒体曝光：通过社交媒体平台（如微信、微博、抖音等）发布有趣、有价值的内容，吸引用户的关注和互动，从而提高企业或个人的曝光率和知名度。

（2）内容营销：通过撰写优质文章、发布视频、制作音频等方式，向用户提供有价值的信息和内容，吸引用户的关注和留存，从而提高企业或个人的曝光率和口碑。

（3）合作推广：与其他企业或个人或品牌合作，共同推广产品和服务，扩大企业或个人的曝光范围和影响力。

（4）线下活动曝光：通过参加行业展会、举办活动等方式，与潜在客户和消费者进行互动、交流，从而提高企业或个人的曝光率和知名度。

（5）广告投放：通过投放广告，将企业或个人的产品和服务推广到更广泛的受众中,从而提高企业或个人的曝光率和销售业绩。

推荐一个很值得大家学习的企业家于东来。胖东来火了之后,来他们公司参观学习的太多了,每隔几天就有团队来取经。胖东来老板于东来不但没有厌烦,还乐于分享。除此之外,他还与联商网共同发起联商东来商业研究院,主要面向企业家、创业者和管理者等人群,分享于东来的思想理念和经营智慧,让大家感受于东来的道法、做法和活法。

需要注意的是,企业或个人曝光要注重内容的质量和价值,避免过度宣传和虚假宣传。同时,要根据企业或个人的品牌形象和市场定位,选择合适的曝光方式和渠道,以最大化曝光效果。

披露是披露信息,曝光是曝光形象,两者都是与大众沟通的方式,虽然形式不同,但意义是一样的,那就是增加公众对企业或者个人的了解,让企业或个人变成透明的水母,让大众产生信任或好感。

与其掩饰、掩盖,不如主动沟通,主动"曝光"。一些企业设立公关部,进行公共关系沟通;一些企业和企业家主动与大众及时互动,打造企业家IP、组织IP和产品IP。塑造一个"开放、阳光、健康、负责任"的商业形象,何乐而不为呢?

新质生产力时代,有梦想的企业都要主动披露、智慧曝光,有梦想的企业家或者创业者也都要主动披露、智慧曝光。披露和曝光意味着吸引连接,可以促进变现。

该怎样变现呢?请参看第四章第三节"新质商业模式设计"。

思考:如果你是一家非上市公司创始人,你愿意公布公司财务数据吗?如果你想创业,未来你愿意公布公司财务数据吗?

| 第三章 |

企业新质生产力路线图

发展新质生产力不是要忽视、放弃传统产业,要防止一哄而上、泡沫化,也不要搞一种模式。各地要坚持从实际出发,先立后破、因地制宜、分类指导。根据本地的资源禀赋、产业基础、科研条件等,有选择地推动新产业、新模式、新动能发展,用新技术改造提升传统产业,积极促进产业高端化、智能化、绿色化。

——习近平参加十四届全国人大二次会议江苏代表团审议时的讲话

企业发展新质生产力有三种路径：升级传统产业、壮大新兴产业和培育未来产业。同样，也有三种战略选择：

第一种，聚焦战略，即聚焦于升级传统产业、壮大新兴产业和培育未来产业三种路径中的一种，实施"一厘米宽一百米深"的聚焦战略。

第二种，双轮驱动战略，即选择升级传统产业、壮大新兴产业和培育未来产业三种路径中的两种，互为依托，双轮驱动。

这种战略具有高度的可行性。比如，传统制造业在向先进制造业升级的过程中，可以既涉及传统制造业的升级，也涉及培育未来产业的智能制造，两者并不互相拖累，而是双轮驱动，互为依托。拥有更广阔运用前景的是用新兴产业和未来产业带动传统产业。

第三种，三轮啮合战略，就是升级传统产业、壮大新兴产业和培育未来产业三个齿轮啮合，一起运转。这种战略从表面上看是一种多元化，如果是非相关多元化，风险较大；但如果是相关多元化，则风险较小。

要让三个齿轮同时旋转，需要确保它们之间有正确的齿距关系，即它们的模数（m）必须相同。通常的做法是使用一个大齿轮作为驱动齿轮，然后用两个小齿轮作为从动齿轮。比如，传统制造业在向先进制造业升级的过程中，如果将智能制造的人工智能技术单独产业化，这样既有传统制造业的升级，也有人工智能新兴产业，还有未来产业的智能制造，三个齿轮啮合，一起运转。三个齿轮中，人工智能产业是驱动齿轮，它将驱动传统制造业升级和智能制造业壮大起来，如图3-1所示。

图3-1 企业发展新质生产力三种路径

需要说明的是，传统产业、新兴产业和未来产业，只是当下的分法，今后它们会相互融合。也就是说传统产业中会融入新兴产业和未来产业，新兴产业和未来产业也会主动把传统产业融合进来。也许再过五年，它们可能混在一起，你中有我，我中有你，根本分不清谁是谁，这将是大势所趋。

第一节
企业新质生产力四大基础

> **案例** "光伏菇"：有效利用土地，解决菌粮矛盾

在福建省古田县杉洋镇杉洋村和吉巷乡坂中村等地，中国电建福建省电力勘测设计院建设了光伏菌菇大棚项目。

从2023年4月投入首批菌苗以来，每三个月，光伏大棚就迎来一次菌菇丰收。福建省古田县是"中国食用菌之乡"，但一直存在着简易菇棚数量大、占用耕地多、影响耕地安全的"菌粮矛盾"，中国电建福建院通过"拆旧建新、菇光互补"的模式进行建设，改造后的菇棚产量与传统菇棚相比提高了10%，土地综合利用率提高了25%，实现了菇农、村财和光伏企业的"三方增收"。

无论是升级传统产业，还是壮大新兴产业，还是培育未来产业，企业发展新质生产力都必须推动"四链融合"。"四链融合"是企业发展新质生产力的四大基础。有了这四大基础，企业才可能在新质生产力的发展道路上狂奔！

什么是"四链融合"？就是创新链、产业链、资金链、人才链"四链"深度融合，避免出现四大问题：即创新链出现"卡脖子"，产业链出现"掉链子"，资金链出现"断裂"，人才链出现"断档"，如图 3-2 所示。

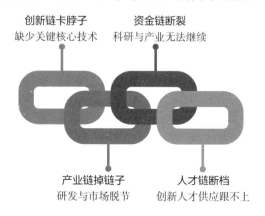

图 3-2　创新链、产业链、资金链、人才链的四大问题

所谓创新链"卡脖子"就是科技创新中缺少关键核心技术而出现"卡脖子"现象；所谓产业链"掉链子"就是产业化中容易出现研发与市场脱节；所谓"断裂"就是资金链断裂，科研与产业项目无法继续；所谓人才链"断档"就是人才青黄不接，高级人才尤其是高技能人才数量不足，且短时间内无法培养，从而造成创新人才供应跟不上。

那么如何避免这些问题呢？如何进行深度融合呢？

一、四链关键字

四链融合中，人才链是原点，资金链是关键点，创新链是输入端，产业链是输出端，各自的关键字分别是"心""血""脑""体"。

1. 人才链的关键字是"心"

畅通人才链，对于企业家来说最重要的是用心，做好三套动作："三顾茅庐"是基本动作，"现金、股票、期权"是常规动作，对人才发自内心的尊重——"以心换心，以心留心"才是高级动作和高难度动作。

经营管理人员的激励问题目前都得到了比较好的解决，重点和难点是科研人才的激励问题。

企业家要舍得"分家产"，必须将科研人才的创新创造力视为生产资料，建立以所有权分配为基础的股权激励和现金激励综合方案，做到明晰三个机制：明晰科研人才共有科技创新成果知识产权机制，明晰科研人才通过创新劳动获得现金收益机制，明晰科研人才通过科技创新成果知识产权获得股权机制。

需要注意的是，很多企业在明晰科研人才共有科技创新成果知识产权机制上有"小九九"：科研人才往往只享有科技创新成果知识产权的"署名权"，但不共有其"产权"。

案例　华恒生物创始人分股权的高额回报

郭恒华2005年创立华恒生物，公司成立之初他就四处寻找掌握新技术的高端人才。后来在中国科学院天津工业生物研究所，结识了张学礼。当时，这位"80后"青年教授，手里正握着全生物法生产丙氨酸的技术。

没有丝毫犹豫，郭恒华邀请张学礼以技术入股，双方发挥各自优势展开合作。终于，华恒生物在国际上首次成功实现微生物厌氧发酵规模化生产L-丙氨酸，发酵过程无二氧化碳排放，比化学合成降低成本50%以上。凭借这款产品，华恒生物成功打开国际市场，目前，其L-丙氨酸全球市场占有率达70%。

2021年，华恒生物在科创板上市，两年来股价增长3.5倍，目前市值达170亿元，成为生物制造行业多个细分领域的标杆企业。

2. 资金链的关键字是"血"

畅通资金链就是要解决科技创新的血液问题，包括企业体外输血与体内造血，使科技创新血量充足，血压稳定，活力四射。

3. 创新链的关键字是"脑"

畅通创新链，要建立以内脑 + 外脑"头脑风暴矩阵"为基础的"英雄联盟"，建立科技创新生态圈，在本书第五章第一节"打造新质科技竞争力"里我们会讲到科技创新生态圈的七个圈，这里不再赘述。

4. 产业链的关键字是"体"

畅通产业链就是要解决科技创新的输出问题，需要特别重视畅通输出的链路问题，杜绝"掉链子"。

畅通产业链有产业链畅通和产业链与其他三链的循环两个方面。

（1）产业链畅通。产业链畅通的核心是企业定位问题，大企业或领军企业要争当产业链"链主"，中小企业或配套企业要甘当产业链"链友"，找准在产业链科技创新中的位置，在产业链科技创新中发挥积极作用，如图3-3所示。

图3-3 产业链链主链友图

（2）产业链与其他三链的循环。产业链与其他三链的循环在后面的章节会详细讲，需要强调的是产业链既然是科技创新的输出端，就需要特别重视输出端的末梢——卓越工程师和高水平技术工人，因为他们能解决科技创新最后1厘米乃至1纳米问题。

二、四链融合

目前,专家学者讲的四链融合都是站在国家宏观层面,本书则站在企业层面为你深度解读,以期找到"四链融合"的道法术器。

(一)围绕创新链布局产业链,以科技创新孵化新产品、新产业

如果说产业链有上下游,那么创新链、资金链和人才链就是产业链的左右游,它们是产业链的护卫舰。

企业科技创新不是单纯的学术论文式理论创新,而主要是着眼产品化和产业化的创新,注重科技成果的转化。所以不能孵化新产品、新产业的企业科技创新注定不可持续。

企业科技创新要注重三个数字,分别是3、4、5。

1. 数字3

大家都在谈科技创新,其实科技创新是"科学""技术"和"创新"三个词的合体,如图3-4所示。

因此,企业创新链包含科学、技术和产业,是科学、技术和产业的三位一体,是科学家、工程师和企业家的三位一体,需要科学家、工程师和企业家的"桃园三结义"。

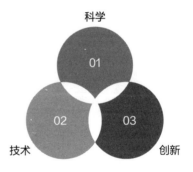

图3-4 科技创新三词合体

2. 数字4

企业科技人才评价要"破四唯",其中的四唯是指唯论文、唯职称、唯学历、唯奖项。由于多年来形成的科研与产业脱节的现状,企业家必须练就火眼金睛,不能见着庙就拜,见着科研人员就喊"菩萨"。

"破四唯"之后需要"立新标",新标就是企业科技创新必须是着眼产品化和产业化的创新,要注重科技成果的转化,能够孵化出新产品、新产业。

3. 数字5

创新链是科技创新中的基础研究、应用基础研究、应用技术开发、工程化验证或中试、技术成果商业化等相连接的链式关系。从科学到技术再到产业,需要过五关:模糊地带、魔鬼河、死亡谷、达尔文之海和衰退鸿沟,如图3-5所示。

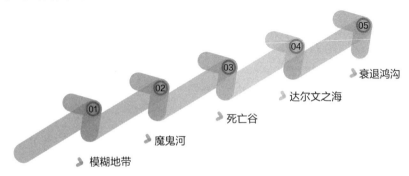

图3-5 科技创新过五关

(1)"模糊地带"——从基础研究向应用基础研究跨越的地带。跨越标准:基础研究是否有应用价值。

(2)"魔鬼河"——从应用基础研究向技术开发跨越的河流。跨越标准:应用基础研究是否能支撑新技术开发。

(3)"死亡谷"——从技术开发向商业化跨越的生死之谷。跨越标准:新技术成果是否可以实现商业化应用。

(4)"达尔文之海"——从初步商业化向规模化产业发展跨越的大海。跨越标准:在市场竞争优胜劣汰中是否可以实现商业增长。

(5)"衰退鸿沟"——规模化产业发展会遇到鸿沟。跨越标准:是否能够跨越产业全生命周期，实现持续创新。

科研成果产业化转化是一个非常复杂漫长的过程。但围绕创新链布局产业链，前瞻布局战略性新兴产业，培育发展未来产业，用科技升级传统产业，以科技创新孵化新产品、新产业，是企业家面临新质生产力发展机遇必须做的功课。

高德红外不仅在红外热成像、红外探测器，还在智能驾驶、脑机接口芯片等方面，打破封锁，解决了"卡脖子"问题，拥有高芯科技、高德智感、轩辕智驾等新兴产业板块，实现了新技术产业持续成长，非常值得学习。

（二）围绕产业链部署创新链，以科技创新赋能产业升级

围绕产业链部署创新链，以科技创新赋能产业升级的重点在打好"一关五基"攻坚战。

我国是世界公认的制造大国，是全球唯一拥有联合国产业分类中所列全部工业门类的国家，但是在整个产业链中"一关"——关键核心技术的国际依赖性非常严重，产业链薄弱点集中体现在"五基"（**基础零部件及元器件、基础软件、基础材料、基础工艺和产业技术基础**）上，"一关五基"成为制约我国从制造大国向制造强国升级的关键所在，当前迫切需要具有战略眼光的企业家围绕产业链部署创新链，当好"五基好朋友"，在"五基"领域投入科技创新力量，着力解决制造业产业链中的短板，打好中国关键核心技术攻坚战。

在道家内丹气功修炼中，筑基是第一个阶段，这个阶段被视为修炼的基础，修炼者需要通过筑基来稳固根基，为将来的修炼打下坚实的基础。"五基"的"筑基"是国之大事，企业家要秉承国士之心、高手风骨，勇于"筑基"。"筑基"之基不但是中国之基，也是企业抓住新质生产力重大机遇腾飞之基。

围绕产业链部署创新链需要三个动作：第一，找短板。科技创新赋能产业升级，首先必须梳理清楚产业链的短板技术清单，尤其是找到"关二爷"——产业链短板的"关键核心技术"。第二，定目标。围绕着产业链的短板技术清单，列出技术攻关难题，制订技术研发目标。技术研发目标要达到或超过产业发展的国际标杆水平。第三，搞攻关。汇集产学研各路"英雄联盟"，部署创新链特种部队，联合开展研发攻关。

除了科技创新之外，企业畅通创新链还需要将科技创新与商业模式创新、组织创新、产品创新、产业创新等不同方面的创新活动有机地串联起来，形成一个完整的创新生态系统。在发展新质生产力的过程中，通过引入创新链，企业能够获得更多的创新资源和创新能力，从而加快创新的步伐。

（三）围绕创新链完善资金链，借助八大金主力量促进产业化发展

资金链的资金有输血与造血之分，企业推动资金链与创新链深度融合，关键是要根据创新活动性质进行分类，明确非营利性资金与营利性资金的募集。

资金链与创新链深度融合，本质上是要求依据资金性质来分类支持创新活动，即资金链与创新链的有效匹配。由于不同类型创新活动在外部性与风险性上存在差异，创新链的不同环节需要配置不同性质的资金进行支持。

1. 离市场较远的基础研究及科学创新资金筹集的两大来源

一般而言，以探索基础科学原理为目标的科学创新具有较强的市场不确定性与外部复杂性，往往具有较为严重的市场失灵问题和显著的知识外溢效应，决定了其更适合采用财政资金、社会捐赠资金等非营利性资金作为支撑。

对于基础研究或科学创新，除了寻求财政资金外，企业还可以寻求行业领军企业、龙头企业基于社会责任捐赠的资金。国外对基础研究或科学创新的捐赠资金较多，国内这方面的捐赠资金也会越来越多。2023年，武汉大学130周年校庆，校友雷军向母校捐赠13亿元人民币。捐赠资金主要聚焦三个方向：支持数理化文史哲六大学科基础研究、支持计算机领域科技创新、支持大学生培养。国内对于基础研究或科学创新的捐赠资金一般集中在大学里面，企业可以向大学申请，与大学进行联合研究。

2. 靠近市场的技术创新和产业创新资金筹集的三种方式

对于靠近市场的技术创新和产业创新，采用募集营利性资金方式更符合市场原理。不过，由于技术类型的复杂性和产业生命周期的阶段性，不同类型技术、不同生命周期阶段的产业需要匹配不同风险承担程度的资金。

（1）对于通用技术、共性技术等外部性明显且应用广阔的关键技术创新，由于具有一定程度的准公共产品属性，需要采取"非营利性资金 + 营利性资金"的资金组合募集方式来推动。

（2）处于种子期、初创期的产业创新由于市场不确定性较大且尚未形成规模效应，募集天使投资和风险投资资金孵化更适合。

（3）处于成熟期的产业创新，以金融机构信贷资金，或者可转债资金等更合适。

科技创新关系国计民生，关系国家和企业竞争力，所以为了更透彻地说明科技创新资金的募集，我发明了一个"科技创新资金链七节甘蔗理论"。

资料 科技创新资金链七节甘蔗理论

按照基础研究、应用基础研究、应用技术开发、工程化验证或中试、技术成果初步商业化、规模化产业发展、产业可持续性发展与科技创新升级七个阶段分别筹划科技创新资金的募集，就像甘蔗的七个节一样，见表3-1。

表3-1 科技创新资金链七节甘蔗表

项目	1	2	3	4	5	6	7
创新与产业化阶段	基础研究	应用基础研究	应用技术开发	工程化验证或中试	技术成果初步商业化	规模化产业发展	产业可持续性发展及科技创新升级
资金来源	财政资金、捐赠资金、企业资金	财政资金、捐赠资金、企业资金	企业资金	企业资金、天使投资	企业资金、天使投资、风险投资	企业资金、风险投资、私募基金、上市融资	企业资金、风险投资、私募基金、股市配股、增发、可转债

企业创新链的基础研究、应用基础研究、应用技术开发、工程化验证或中试、技术成果初步商业化、规模化产业发展、产业可持续性发展及科技创新升级七个阶段，每一阶段资金募集对象不同，资金组合不同，分别是：

（1）基础研究阶段。资金主要来源为财政资金、捐赠资金和企业资金。

（2）应用基础研究阶段。资金主要来源为财政资金、捐赠资金和企业资金。

（3）应用技术开发阶段。资金主要来源为企业资金。

（4）工程化验证或中试阶段。资金主要来源为企业资金和天使投资（ANGEL）。

（5）技术成果初步商业化阶段。资金主要来源为企业资金、天使投资和风险投资（VC）。

（6）规模化产业发展阶段。资金主要来源为企业资金、风险投资、私募基金（PE）和上市融资（IPO）。

（7）产业可持续性发展及科技创新升级阶段。资金主要来源为企业资金、风险投资、私募基金，以及股市配股、增发和可转债。

综合起来，企业需要交好"八大金主"：政府、捐赠人、天使投资人、风险投资机构、私募基金机构、股民、债权人，还有企业自身。企业增强自身造血功能，自己做自己的"救世主"才是王道。

需要说明的是，在基础研究、应用基础研究和重要技术研发阶段，就像孩子未成年一样，企业需要向祖国母亲寻求帮助，力争纳入中央财政五类科技计划（专项、基金等）的支持。

中央财政五类科技计划（专项、基金等），分别是国家自然科学基金、国家科技重大专项（科技创新2030－重大项目）、国家重点研发计划、技术创新引导专项（基金）以及基地和人才专项，见表3-2。

表3-2 中央财政五类科技计划（专项、基金等）

项目	1	2	3	4	5
计划名称	国家自然科学基金	国家科技重大专项（科技创新2030-重大项目）	国家重点研发计划	技术创新引导专项（基金）	基地和人才专项
资金用途	面向基础研究和科学前沿探索	聚焦国家重大战略产品和产业化目标	针对事关国计民生的重大社会公益性研究，以及事关产业核心竞争力、整体自主创新能力和国家安全的重大科学技术问题	促进科技成果转移转化和资本化、产业化	提升我国科技创新的基础能力

科技型企业在技术成果初步商业化阶段，还可以采用"产品众筹＋预售"的方式筹集资金，这还有提前锁定客户、搜集客户反馈的意义。

（四）依托"三链"聚人才，构建人才链强大的"英雄联盟"

科技创新的人才链包括四才：科技人才（战略科学家、一流科技领军人才和创新团队、卓越工程师和高水平技术工人）；企业家；经营创新人才；金融人才（金融家和金融创新人才）。

围绕产业链构建人才链的关键人才是卓越企业家和经营奇才，围绕创新链构建人才链的关键人才是战略科学家，围绕资金链构建人才链的关键人才是优秀金融家。要依托产业链、创新链和资金链的各类平台集聚人才形成人才链，为多链融合发展起到人才支撑作用。

科技来不得半点虚假，企业家可能需要结交优秀金融家级别的朋友，邀请他们做好科技创新的资金筹划；结交院士级别的朋友，邀请他们做战略科学家，领导科技创新；孵化卓越工程师和大国工匠水平的高水平技术工人，通过他们将科技成果转化成新产品；培育经营奇才，通过他们将新产品转化成现金流。总之，就是要做好四套基本动作：交金主，请院士，宠工程师及爱工匠，育经营奇才。

制造企业在实施数转、智改、网联，推行智能制造和制造服务化过程中，IT 人才、数字化人才与制造业人才并肩作战将成为常态。网友们调侃的 IT 五大神兽——"程序猿""攻城狮""射鸡师""产品锦鲤""西衣鸥"等将成为新质生产力新人才队伍中的重要生力军，如图 3-6 所示。

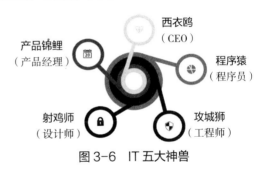

图 3-6　IT 五大神兽

新质生产力是国家推动的战略行动。它必然有一个从自上而下到自下而上、上下结合的过程。

企业要抓住新质生产力这一战略级机遇，争当产业链链主，做好上下游整合和左右游融合，推动产业链、创新链、资金链、人才链"四链"深度融合。

"四链"深度融合的本质是要形成多链融合的、"人才—科技—金融—产业"闭环的产业可持续发展创新生态系统。人才链是"1"，创新链是

"1"后边的"0",资金链是"N次方",产业链是"="号。

"四链"深度融合将有助于企业找到传统产业转型升级的"起跳点",使之向高端化、智能化、绿色化方向发展;找到新兴产业和未来产业的"着陆点",使之向可持续化、延展化、衍生化方向发展。

"四链"深度融合就像人体一样,心血脑体并用,循环畅通,让企业在新质生产力的新赛道上恣意狂奔,成为新质生产力的领跑者。

思考: 如果你是一家企业的创始人,你该如何吸引领军人才呢?如果你想创业,你该如何吸引领军人才呢?

第二节
传统产业新质生产力路线图

案例　建筑行业的新质生产力

近日,中建二局一公司华南分公司"考虑细观结构影响的超高层建筑钢管混凝土缺陷检测机理研究"科学技术成果,经过专家组评审,达到国际先进水平。该成果针对考虑细观结构影响的超高层建筑钢管混凝土缺陷检测机理进行了研究,适用于超高层钢管混凝土柱缺陷检测工程。该成果类比钢管混凝土质量检测传统采用的人工敲击法、表面波法、光纤传感方法、超声波法有创造性和先进性。该成果在广东省深圳市百外教育集团大厦等项目得到成功应用,取得了显著的经济效益和社会效益。(资料来源:《中国青年报》,2024年2月9日。)

在讨论传统产业的升级之前，必须搞清楚两个概念：传统产业和传统企业。

什么是传统产业？所谓传统产业，也称传统行业，主要是指在管理理念、经营模式、生产方式、销售方式等方面仍然按照工业经济时代的理念和方式经营的行业，包括传统制造业、商贸业、餐饮服务业、金融业、交通运输业、建筑业、房地产业、农业、教育业、医疗业等。

什么是传统企业？所谓传统企业是指那些管理理念、经营模式、生产方式、销售方式等方面仍然按照工业经济时代的理念和方式经营的企业，包括传统制造企业、商业贸易企业、餐饮企业、金融企业、交通运输企业、建筑企业、房地产企业、农业企业、教育培训企业、医疗企业等。

张瑞敏说：没有运用互联网、没有互联网化的企业都是传统企业。而我认为：没有运用科技、没有技术含量的产业都是传统产业。没有运用科技、没有技术含量的企业都是传统企业。传统企业现在不是单纯的转型，而是重在科技升级。如果一家企业没有科技升级，就是传统企业。

所有传统产业都可以重做一遍，都可以借助科技创新，变成新质生产力。

传统产业企业发展新质生产力，就是通过科技创新进行转型升级，就是要找到"足够长的坡和足够厚的雪"，"足够长的坡"是企业核心竞争力，"足够厚的雪"是高附加值。

下面我们从传统农业、传统制造业和传统服务业三个领域来进行分别阐述。

一、传统农业升级

传统农业转型升级的路线是借助科技创新，将传统农业变为现代农业，从"靠天吃饭"变为"靠科技吃饭"。以智能农业为例，通过运用物联网、大数据、无人机等技术，农业生产实现了智能化和精准化。在智能农业中，传感器和气象站等设备设施对农田进行实时监测，收集土壤、气候、病虫害等数据，通过大数据分析，对农田进行精准管理。无人机和自动驾驶的农用机械取代了传统的人工耕作，全面提高了农业生产效率和质量。

二、传统制造业升级

传统制造业是我国制造业的主体，是现代化产业体系的基底。我国传统制造业"大而不强""全而不精"问题仍然突出，低端供给过剩和高端供给不足并存，创新能力不强，产业基础不牢，资源约束趋紧，要素成本上升。

国家支持传统制造业深耕细分领域，孵化新技术、开拓新赛道、培育新产业。而且持续巩固"去产能"成果，依法依规淘汰落后产能，坚决遏制高耗能、高排放、低水平项目盲目上马。

那么，传统制造业新质生产力路线图是怎样的呢？

1. 传统制造业以高端化、智能化、绿色化为新质生产力目标

国家推动实施制造业技术改造升级工程，加快设备更新、工艺升级、数字赋能、管理创新，推动传统制造业向高端化、智能化、绿色化方向转型，形象地说就是成为"高富帅"。

（1）"高"就是高端化。高端化包括"三高"：技术高科技、产品高质量、产业和品牌高端化。国家设立"中国品牌日"，扶持企业品牌、产业品牌、区域品牌建设，持续保护老字号，助力打造一批具有国际竞争力的"中国制造"高端品牌。

（2）"富"就是坚持创新驱动发展，加快迈向价值链中高端，获得高附加值。中国制造业一直在全球微笑曲线的价值链底端，赚取刀片一样薄的微薄利润，这种状况将借助国家发展新质生产力战略得到改观。

（3）"帅"就是建设高素质技术技能人才队伍，做"很酷的事"和"有颜值的事"——实施智能化和绿色化。

2. 传统制造业新质生产力行动

传统制造业新质生产力行动总共七项，分别是实施技升、智改、数转、网联、推进三链两新、当好服务员、打造中国制造品牌，走新型工业化之路。

（1）**技升**：就是技术升级。没有技术革命性突破就不是新质生产力，所以传统制造企业要加快引进或研发高端技术，使产业向高端化发展。

有条件的制造企业可以加入产业基础再造工程，聚焦"五基"——基础零部件及元器件、基础软件、基础材料、基础工艺和产业技术基础等薄弱领域，加快攻关突破和产业化应用，强化传统制造业基础支撑体系，当好"五基好朋友"。

（2）**智改**：加快人工智能、大数据、云计算、5G、物联网等信息技术与制造全过程、全要素深度融合。

智能制造能够提高生产效率、降低能耗和减少人力成本，从而提升企业的竞争力，是制造业转型升级的主要方向。具体来说，智能制造通过运用物联网、大数据、人工智能等技术，实现生产过程的智能化和信息化。在智能制造的生产线上，机器人和自动化设备取代了传统的人工操作，实现了高效、精准生产。同时，通过大数据分析，企业可以对生产数据进行实时监控和优化，进一步提高生产效率和产品质量。

此外，智能制造还可以实现个性化定制和柔性生产，满足消费者多样化的需求。消费者可以通过互联网平台或手机应用程序，对产品的颜色、尺寸、材料等提出个性化需求，企业根据消费者需求进行定制化生产。这种个性化定制的生产方式不仅满足了消费者的需求，还进一步提高了企业的生产效率和销售业绩。

（3）**数转**：实施数字化转型，推进生产设备数字化改造，推广应用新型传感、先进控制等智能部件，加快推动智能装备和软件更新换代。

（4）**网联**：加快工业互联网在企业的规模化应用，消费品企业还要实施工业互联网与消费互联网的无缝连接。

（5）**推进三链两新**：推进强链、延链、补链，加强新技术、新产品创新迭代。

"强链"主要指做大做强产业链，通过投资规模大、辐射范围广、带动作用强的重点项目建设，形成产业聚合优势，增强产业链的竞争力和韧性。

"延链"是指推动产业延伸和拓展，通过技术创新和市场拓展，使产业链从原材料提取、中间产品制造到最终产品市场拓展等环节延伸，形成新的增长点。

"补链"是指补齐产业链中的短板和弱项，解决产业链中的堵点、痛点、断点问题，确保产业链在关键时刻能够稳定运行。

（6）**当好服务员**：发展服务型制造。促进传统制造业与现代服务业深度融合，培育推广个性化定制、共享制造、全生命周期管理、总集成总承包等新模式、新场景在传统制造业领域的应用深化。推动工业设计与传统制造业深度融合，促进设计优化和提升，创建一批国家级工业设计中心、工业设计研究院和全行业专业创意设计园区，推动仓储物流服务数字化、智能化、精准化发展，增强重大技术装备、新材料等领域检验检测服务能力，培育创新生产性金融服务，提升对传统制造业转型升级的支撑水平。

（7）**打造"中国制造"品牌**：加强标准引领和质量支撑，实施品牌化，打造更多有国际影响力的"中国制造"品牌。

传统制造业发展新质生产力的七项行动中技升、智改、数转和网联四项是基本行动，是制造企业发展新质生产力的"生产力底座"，没有它们，后边是三项行动就无从谈起。我把**传统制造业发展新质生产力的七项行动**称为"传统制造业新质生产力行动七剑"，如图 3-7 所示。

图 3-7　传统制造业新质生产力行动七剑

三、服务业升级

生活性服务业、生产性服务业等第三产业都可以重做一遍，都可以借助科技创新，变成新质生产力。比如，文旅行业可以借助 AR/VR/MR 和元宇宙等技术实现游客的沉浸式体验。又比如，科技咨询类企业，过去被视为"皮包"公司，但在新质生产力时代，将成为"香饽饽"。这类企业可以在开拓客户、服务客户等方面有效运用数字技术、智能技术和其他高科技手段和工具，实现自己的升级。

生产性服务业在中国是一个独特的存在，其地位与国外相比乃是天壤之别。从发达国家看，美国服务业中生产性服务业占比达到 65%，对整个 GDP 的贡献达到 50%。我国生产性服务业比重偏低，增加值占 GDP 的 15% 左右。中国的生产性服务业还处在低端、低质、低效等三低状态，但从另一个方面来说，中国的生产服务业就像是一个藏在深山之中的璞玉，只要用创新之刃用心雕琢，就会变成价值连城的"玉王"。

生产性服务业包括交通运输业、金融业、保险业、房地产业和商务服务业等。这些服务业发展参差不齐，与市场需求还不相匹配。

虽然有些服务业在国家统计口径中归为现代服务业，但创新非常不足。传统与现代都是相对的，今天很现代，可能再过两年就很传统了，关键是看有没有科技创新。

金蝶 2018 年在行业内首先推出了新一代基于 AI 原生 + 云原生架构于一体打造的可组装企业级 PaaS 平台金蝶云·苍穹，2023 年又推出了企业级大模型平台苍穹 GPT 以及财务大模型。国际数据公司（IDC）数据显示，金蝶已连续 4 年在中国 SaaS ERM（企业资源管理云服务）市场占有率第一，连续 19 年稳居中国成长型企业应用软件市场占有率第一。

金蝶的案例说明，生产性服务企业完全可以借助人工智能、大数据、云计算等升级服务技术，创新商业模式，提升服务效率和质量，成为赋能新质生产力的尖兵，从而将自身深度转型升级为新质企业。

总之，无论是传统农业、传统制造业还是服务业，其转型升级都是以科技化推动企业迈向高端化、智能化和绿色化，最终实现品牌化。其中，科技化是手段，高端化、智能化和绿色化是过程，品牌化是目标。所以传统产业企业新质生产力的路线就是以科技创新为驱动，实施"五化"：科技化、高端化、智能化、绿色化和品牌化，如图 3-8 所示。

图 3-8 传统产业企业新质生产力的路线

正如本章开篇所言，在传统产业深度转型升级、发展新质生产力过程中，无论一、二、三产业，都会和新兴产业与未来产业相融合，最终出现"你中有我，我中有你，难以分开"的现象。

思考：你认为是不是一切传统产业都可以重做一遍呢？如果你是传统产业人士，你的企业该如何发展新质生产力？如果你不是传统产业人士，你认为哪些传统产业可以利用高新技术实现深度转型升级？

第三节
新兴产业新质生产力路线图

> **案例** 天瑞重工：低碳赛道上"跑"出新动能

推开山东天瑞重工有限公司大门，工信部制造业单项冠军、全国磁悬浮动力技术标准化工作组秘书处单位、国家企业技术中心、山东省节能环保产业链链主等牌匾让人目不暇接，10 余年前的大胆转型，造就了天瑞重工今天磁悬浮行业翘楚的地位。

从零起步，用磁悬浮动力装备推动能耗产业"革命"，天瑞重工扶摇直上的"秘诀"何在？"持续推进科技创新，只有抓好创新，才有好技术、好产业、好未来。"公司董事长李永胜一语道破。

成立于 2008 年的天瑞重工，起初并非从事磁悬浮领域，只是专注于凿岩机的研发与制造的"小不点"，数年间，天瑞重工发展为凿岩机械行业领军企业，凿岩机设备被工信部认定为制造业单项冠军产品。

李永胜深知单一产品难以支撑企业未来的发展。在"试水"一些领域后，李永胜遇到了磁悬浮，并认定它具有广阔的发展前景："国家的发展方向指向哪里，产业的风口就在哪里，我国大力推进绿色发展，节能减排是大势所趋，相关产业必定大有可为。"当时，国内的磁悬浮技术尚处于起步摸索阶段，面对这样一条全新赛道，困难可想而知。经过 10 余年的艰苦技术攻关，天瑞重工终于研发出拥有自主知识产权的磁悬浮鼓风机，打开了市场，来自造纸、水泥、化工等高耗能行业的订单纷至沓来。（资料来源：潍坊融媒，《企业调研行 | 天瑞重工：低碳赛道上"跑"出新动能》，2023 年 5 月 9 日。）

中国新能源汽车产销量连续 8 年位居全球第一，全球市场份额超过六成。中国动力电池出货量开始领跑全球。光伏组件产量已连续 16 年位居全球首位，多晶硅、硅片、电池片、组件等产量产能的全球占比均达 80% 以上。

时代在变，我国货物贸易的结构也在变。过去，服装、家具、家电"老三样"大量出口、走俏海外。如今，新能源汽车、锂电池、光伏产品"新三样"扬帆出海、叫响全球。

一般来说，服装、家具、家电"老三样"属于传统产业范畴，新能源汽车、锂电池、光伏产品"新三样"属于新兴产业范畴。

那么，什么是新兴产业呢？战略性新兴产业是以重大技术突破和重大发展需求为基础，对经济社会全局和长远发展具有重大引领带动作用，知识技术密集、物质资源消耗少、成长潜力大、综合效益好的产业。与传统产业相比，新兴产业以高新技术为基础，具有知识技术密集的特点，因此物质资源消耗较少，对环境的污染也较小。同时，新兴产业具有高度的创新性和成长性，能够带动整个经济的发展，提高国家的综合竞争力。

新兴产业是当今世界经济发展的重要方向，也是各国竞相发展的重点领域。我国政府也高度重视新兴产业的发展，出台了一系列政策措施，鼓励和支持新兴产业的创新和发展。新兴产业和未来产业并没绝对的鸿沟，国际上对新兴产业和未来产业也没有统一的划分标准。十几年前的战略性新兴产业，就是当时的"未来产业"。无论是媒体还是产业界，有时候会把某些新兴产业也称为"未来产业"，其实并没有本质性错误。

本书对新兴产业和未来产业的划分遵循国家发改委、工业和信息化部等国家部委的划分口径。

如果从 2010 年国务院发布《关于加快培育和发展战略性新兴产业的决定》开始算起，战略性新兴产业在中国已经有 14 岁，长成了活力四射的"帅哥靓女"。

一、新兴产业有哪些

新兴产业包括哪些？国家有哪些新兴产业支持政策呢？

1. 2010年国务院发布《国务院关于加快培育和发展战略性新兴产业的决定》

该决定将节能环保、新一代信息技术、生物、高端装备制造、新能源、新材料、新能源汽车七大产业列为战略性新兴产业，提出用20年达到世界先进水平。

2. 2020年国家发改委《关于扩大战略性新兴产业投资 培育壮大新增长点增长极的指导意见》

我国将聚焦新一代信息技术产业、生物产业、高端装备制造产业、新材料产业、新能源产业、智能及新能源汽车产业、节能环保产业、数字创意产业八大战略性新兴产业培育新的投资增长点，推动重点产业领域加快形成规模效应。

3. 2023年中央经济工作会议

将低空经济、生物制造与商业航天等产业被列为我国未来发展的战略性新兴产业。

4. 2024年全国两会

政府工作报告说，积极培育新兴产业和未来产业。实施产业创新工程，完善产业生态，拓展应用场景，促进战略性新兴产业融合集群发展。巩固扩大智能网联新能源汽车等产业领先优势，加快前沿新兴氢能、新材料、创新药等产业发展，积极打造生物制造、商业航天、低空经济等新增长引擎。

综合起来，新兴产业包括新一代信息技术产业、生物产业、高端装备制造产业、新材料产业、新能源产业、智能及新能源汽车产业、节能环保产业、数字创意产业、创新药、低空经济、生物制造、商业航天等十几项产业。

产业风向标　生物制造及相关产业

乙肝疫苗、胰岛素、玻尿酸、胶原蛋白、燃料乙醇等，都是利用生物制造技术生产出来的产品。

生物制造有别于传统的物理、化学制造模式，生物制造创新了物质生产方式，以生物体作为生产介质，对制造业变革会带来一系列巨大变化；另外，生物制造是以可再生生物质为原料，对于制造业实现双碳目标也非常关键。有可能在能源、农业、化工和医药等领域改变世界工业格局。专家表示，生物制造将带来至少三方面的重大变革：重构传统化工的生产路线、替代传统天然产物的获取方式、颠覆传统农业种植养殖模式。比如据专家估算，钢铁冶金、石化炼油、水泥等行业年产工业尾气超过万亿立方米，如果利用其中的50%可年产饲料蛋白500万吨，减少二氧化碳排放1.2亿吨，节约粮食1.6亿吨，节省耕地4亿亩。

利用生物＋医药、生物＋化工、生物＋能源、生物＋轻工等全新生产方式，诞生出了一大批全新产品，如重组蛋白药物、生物航空煤油、生物降解塑料，等等，生物制造被认为具有引领"第四次工业革命"的潜力，未来前景十分广阔。据预测，全球生物制造产值接近30万亿美元。

生物制造作为提升经济竞争力的着力点，也是我国继绿色制造、智能制造后，推进制造强国建设的又一个重要抓手。作为一种新质生产力，生物制造产业商机无限，而当前我国这一产业发展的序幕才刚刚拉开。目前我国生物制造核心产业增加值占工业增加值比重只有2.4%，提升空间非常大。我国具备良好的生物制造基础，再加上一系列政策的助推，我国生物制造产业在这条新赛道上的竞争力也将越来越强。（资料来源：《焦点访谈》）

二、企业进军新兴产业路线分析

1. 企业进军新兴产业的六种路线

新兴产业是如何发展而来的呢？新兴产业其实是传统产业的跃迁或者镜像。通俗点说，要么是从传统产业长出来的，要么是从传统产业"镜像"出来的——以传统产业为参照物研发新兴技术然后产业化。这种跃迁或镜像一共有五个维度。

（1）**空间拓展维度**。它是指产业从陆地向低空、太空、海洋、地球深处四个方向拓展。低空经济、商业航天、海洋经济、地球深处开发战略性矿产资源都属于这类新兴产业。

这里要重点说一下低空经济。所谓低空经济是以各种有人驾驶和无人驾驶航空器的各类低空飞行活动为牵引，辐射带动相关领域融合发展的综合性经济形态，无人机、直升机、eVTOL（电动垂直起降航空器，也被称为"飞行汽车"）、热气球等都囊括其中。例如小鹏汇天飞行汽车申请合格证（TC）获中国民用航空中南地区管理局受理，这意味着该产品即将进入适航审定阶段，低空经济或将驶入"快车道"。

（2）**材料拓展维度**。它是指从传统材料拓展到新材料。新材料产业就属于这类新兴产业。

新材料是指新近发展或正在发展的具有优异性能的结构材料和具有特殊性质的功能材料。结构材料主要是利用它们的强度、韧性、硬度、弹性等机械性能。功能材料主要是利用其所具有的电、光、声、磁、热等功能和物理效应。近几年，世界上研究、发展的新材料主要有新金属材料、精细陶瓷和光纤等。

> **案例　海带做衣服**
>
> 利用新技术从海带中提取褐藻胶，制作海藻纤维，可以制作海带衣

服。一亩海田可产 4～8 吨淡干海带，可转化加工成 1～2 吨海藻纤维，产量是一亩棉田的 3～6 倍。

2015 年恒尼智造与青岛大学开展合作，成功攻克海藻纤维不易染色的技术壁垒（该染色技术获得国家发明专利），主持制定《海藻纤维混纺针织服装》行业标准，成为国内首次将海藻纤维用于针织服装的企业。

目前，海藻纤维不仅可以作为防火材料应用在消防服制作中，还可以染色后做成日常服装。现在青岛有了世界产量最大的纺织服装用海藻纤维生产线，年产能可达到 5000 吨。

（3）**能源拓展维度**。它是指从传统化石能源拓展到新能源。新能源产业就属于这类新兴产业。

新能源又称非常规能源，指传统能源之外的各种能源形式，包括刚开始开发利用或正在积极研究、有待推广的能源，如太阳能、地热能、风能、海洋能、生物质能和核聚变能等。

（4）**技术升级维度**。它是指从传统技术向新技术、低技术向高技术升级。比如，生物制造、智能制造都是传统制造的升级，新一代信息技术是老一代信息技术的升级。生物制造技术催生生物制造产业，人工智能技术催生人工智能产业，数字技术催生数字创意产业，创新药技术催生创新药产业，等等。

（5）**节能环保维度**。它是指从高耗能、高污染转型到节能环保、绿色低碳。

明白这五个维度的逻辑，企业就可以放心大胆地去发展新兴产业了。传统产业跃迁或者镜像升级成新兴产业有两种思路：一是将五个维度单独发展成为新兴产业。比如上述列举的五个维度都可以单独发展成相对独立的新兴产业。二是将五个维度相互融合成为新兴产业。比如，智能网联汽车是"智能＋互联网＋新能源＋汽车"的融合，高端装备制造是高端技术与装备制造的融合。

相应地,企业发展新兴产业就有六种路线,即将空间、材料、能源、技术、节能环保五种维度单独发展的五种路线,以及融合发展路线。

2. 了解新兴产业经济地理分布,做好空间布局

新兴产业与未来产业相比是相对成熟的产业,所以需要在产业链扎堆的地方发展。以新兴智能网联汽车为例。赛迪顾问汽车产业研究中心发布《2023中国智能网联汽车发展指数(城市篇)》,揭晓了2023年智能网联汽车发展指数50强城市,北京、上海、深圳、广州排在前四。广东有六个城市上榜全国智能网联汽车发展指数50强城市,均来自珠三角,分别为深圳、广州、惠州、佛山、东莞、珠海。广东也是全国入选城市较多的省份,再次印证了珠三角不仅拥有强大的制造业基础,而且在智能网联汽车这个新赛道上也处于全国前列。所以如果企业想做智能网联汽车配套产业,到北上深广更合适一些。

另外需要注意我国"3+3"科创中心布局,需要说明的是科创中心布局不但支撑新兴产业,也支持未来产业。比如,西安形成了电子信息、航空航天、汽车、高端装备和新材料及新能源五个硬科技产业集群,在这些方面有很强的科创支撑能力。

产业风向标:中国"3+3"科创中心布局

什么是科技创新中心呢?概括来说,就是在全球或某一个国家之内,在科学研究、技术开发和产业创新等方面占据领导和支配地位的城市或城市群,它们的创新资源密集、创新成果丰富,科技要素在战略性新兴产业或未来产业发展中能发挥关键作用,是科学中心、技术中心和产业中心的融合。

从2016年开始到2022年,国家先后批复了北京、上海、粤港澳大湾区、成渝、武汉、西安六个科技创新中心的建设方案。截至目前,我

国"3+3"科技创新中心的总体布局已经基本形成,在空间上由东部发达地区向中西部全面部署推进,北京、上海、粤港澳大湾区三大国际科技创新中心及成渝、武汉、西安三个具有全国影响力的科技创新中心的建设正在稳步推进。

三、企业发展战略性新兴产业的五大策略

企业发展战略性新兴产业是一个涉及市场洞察、技术创新、政策支持、资金筹措、人才培养等多方面的综合性过程。以下是企业在发展战略性新兴产业时可以采取的策略、方法和路径,以及可以学习的行业标杆。

策略一:深入市场研究,把握新兴产业趋势。

方法:进行市场调研,了解新兴产业的发展趋势、市场需求、竞争格局等信息,为企业的战略制定提供数据支持。

路径:建立专业的市场研究团队,定期跟踪新兴产业的发展动态;结合企业自身优势,确定战略发展方向。

行业标杆:特斯拉在进入电动汽车市场前,进行了深入的市场研究,发现消费者对环保、节能、智能驾驶等功能的需求日益增强,因此决定以电动汽车为切入点,开发具有竞争力的产品。

策略二:加大研发投入,掌握核心技术。

方法:加大研发投入,建立研发团队,聚焦新兴产业的核心技术,进行自主研发或合作创新。

路径:与高校、科研机构等建立合作关系,共同推进技术研发和成果转化;申请专利,保护企业的技术创新成果。

行业标杆:华为在5G技术领域取得重大突破,通过自主研发和持续创新,掌握5G网络核心技术,为全球客户提供高质量5G解决方案。

策略三:政策导向,争取政府支持。

方法:关注政府政策导向,了解新兴产业发展的政策支持和优惠措

施,争取政府资金支持、税收优惠等。

路径:与政府部门建立紧密联系,积极参与政策制定和申报;了解政策变化,及时调整企业战略。

行业标杆:宁德时代是全球领先的动力电池生产商,公司在发展过程中积极争取政府支持,利用政府提供的资金支持和税收优惠等政策,加快技术研发和产能扩张,提高了市场竞争力。

策略四:产业链整合,构建生态系统。

方法:通过横向或纵向整合,构建完整的产业链,形成产业生态,提高整体竞争力。

路径:与上下游企业建立紧密的合作关系,共同推进产业链的优化和升级;打造开放、共享的平台,吸引更多合作伙伴加入生态系统。

行业标杆:阿里巴巴在电子商务领域取得了巨大成功后,开始构建更广泛的生态系统。通过投资、合作等方式,整合了物流、金融、云计算等多个领域的企业,为消费者和企业提供一站式的服务。

策略五:注重人才培养和引进。

方法:加强人才培养和引进工作,为新兴产业的发展提供人才保障。

路径:建立完善的人才培养机制,通过内部培训、外部培训等方式提高员工的专业素质;积极引进高端人才和团队,提升企业研发实力。

行业标杆:小米汽车在发展过程中非常注重人才培养和引进。公司为员工提供丰富的培训资源和发展空间,同时积极招聘具有丰富经验和专业技能的高端人才,为公司的技术创新和产业发展提供了有力支持。

四、新兴产业预警

在中国,多个战略性新兴产业竞争都相当激烈,不易进入。以下是一些具体的例子以及它们竞争激烈的原因:

(1)**人工智能与机器学习**:随着技术的发展,人工智能和机器学习在医疗、金融、自动驾驶等多个领域都有广泛应用。由于这些技术的高潜力和高价值,吸引了大量的资金、人才和企业进入,市场竞争非常激烈。此外,该领域的技术更新迅速,要求企业持续投入研发以保持竞争力。

(2)**新能源汽车与智能汽车:**在政府的政策推动和消费者对环保、节能产品的需求增长下,新能源汽车与智能汽车市场迅速崛起。然而,由于特斯拉、比亚迪、蔚来、小鹏等国内外众多企业的进入,市场竞争异常激烈。同时,该行业涉及电池技术、充换电设施、电机控制、智能驾驶等多个领域,需要企业具备全面的技术和市场能力。

(3)**半导体与集成电路:**半导体和集成电路是电子信息产业的核心,对国家安全和经济发展具有重要意义。近年来,中国政府加大了对半导体产业的支持力度,吸引了大量企业进入。然而,由于该领域技术门槛高、投资大、周期长,加之国际竞争态势紧张,市场竞争异常激烈。

(4)**生物医药与大健康:**随着人口老龄化和健康意识的提高,生物医药与大健康产业具有巨大的市场潜力。然而,由于新药研发周期长、投入大、风险高,以及国际市场竞争激烈,该领域的企业面临巨大的挑战。

(5)**5G与6G通信技术:**5G与6G通信技术的发展将带动整个社会的数字化转型。然而,由于该领域涉及的技术复杂、投资巨大,以及国际竞争态势紧张,市场竞争异常激烈。同时,该行业还需要与设备制造商、运营商等多个领域的企业进行合作,对企业的综合能力要求较高。

需要声明的是本预警只是对企业家的提醒,并不作为投资参考。

思考:你认为智能网联汽车未来会大幅度降价吗?

第四节
未来产业新质生产力路线图

> **案例** 脑机接口技术取得新突破，产业化有望再提速

近日，首都医科大学附属北京天坛医院神经外科贾旺教授团队联合清华大学洪波教授团队，利用微创脑机接口技术首次成功帮助高位截瘫患者实现意念控制光标移动，这意味着中国在脑机接口领域迎来又一个突破性进展。除了天坛医院，近期首都医科大学宣武医院等机构也宣布在脑机接口领域实现突破。

权威报告指出，脑机接口医疗全球市场或将超过百亿美元，非医疗市场潜力更是值得期待。业内人士表示，目前我国脑机接口正处于创新突破和应用拓展关键期，需要加大科研投入和加强产业应用探索。（资料来源：《经济参考报》，2024年3月18日。）

未来产业由前沿技术驱动，当前处于孕育萌发阶段或产业化初期，是具有显著战略性、引领性、颠覆性和不确定性的前瞻性新兴产业。大力发展未来产业，是引领科技进步、带动产业升级、培育新质生产力的战略选择。

未来产业处于全球产业链和价值链的高端，是顺应全球产业发展趋势、培育国际竞争新优势的必然选择。同时，未来产业具有技术含量高、辐射带动力强、市场前景好、发展潜力大的特点，能够推进产业结构升级并加快经济发展方式转变。

企业进军未来产业，需要注重天时、地利与人和的通盘考量。

一、天时：国家政策支持

国家对未来产业的支持政策主要体现在三个文件之中，企业需要好好研究。

1. "十四五"规划

"十四五"规划纲要提出："在类脑智能、量子信息、基因技术、未来网络、深海空天开发、氢能与储能等前沿科技和产业变革领域，组织实施未来产业孵化与加速计划，谋划布局一批未来产业。"

2. 工业和信息化部、科学技术部和国务院国资委等七部门联合印发《关于推动未来产业创新发展的实施意见》

该文件重点推进未来制造、未来信息、未来材料、未来能源、未来空间和未来健康六大方向产业发展，政策的含金量非常高，操作性非常强。为了方便企业了解，特将前瞻部署新赛道、创新标志性产品和强化标准引领三个专栏列示如下。

专栏1：前瞻部署新赛道

未来制造。发展智能制造、生物制造、纳米制造、激光制造、循环制造，突破智能控制、智能传感、模拟仿真等关键核心技术，推广柔性制造、共享制造等模式，推动工业互联网、工业元宇宙等发展。

未来信息。推动下一代移动通信、卫星互联网、量子信息等技术产业化应用，加快量子、光子等计算技术创新突破，加速类脑智能、群体智能、大模型等深度赋能，加速培育智能产业。

未来材料。推动有色金属、化工、无机非金属等先进基础材料升级，发展高性能碳纤维、先进半导体等关键战略材料，加快超导材料等前沿新材料创新应用。

未来能源。聚焦核能、核聚变、氢能、生物质能等重点领域，打造"采集—存储—运输—应用"全链条的未来能源装备体系。研发新型晶硅太阳能电池、薄膜太阳能电池等高效太阳能电池及相关电子专用设备，加快发展新型储能，推动能源电子产业融合升级。

未来空间。聚焦空天、深海、深地等领域，研制载人航天、探月探火、卫星导航、临空无人系统、先进高效航空器等高端装备，加快深海潜水器、深海作业装备、深海搜救探测设备、深海智能无人平台等研制及创新应用，推动深地资源探采、城市地下空间开发利用、极地探测与作业等领域装备研制。

未来健康。加快细胞和基因技术、合成生物、生物育种等前沿技术产业化，推动 5G/6G、元宇宙、人工智能等技术赋能新型医疗服务，研发融合数字孪生、脑机交互等先进技术的高端医疗装备和健康用品。

专栏2：创新标志性产品

人形机器人。突破机器人高转矩密度伺服电机、高动态运动规划与控制、仿生感知与认知、智能灵巧手、电子皮肤等核心技术，重点推进智能制造、家庭服务、特殊环境作业等领域产品的研制及应用。

量子计算机。加强可容错通用量子计算技术研发，提升物理硬件指标和算法纠错性能，推动量子软件、量子云平台协同布置，发挥量子计算的优越性，探索向垂直行业应用渗透。

新型显示。加快量子点显示、全息显示等研究，突破 Micro-LED、激光、印刷等显示技术并实现规模化应用，实现无障碍、全柔性、3D 立体等显示效果，加快在智能终端、智能网联汽车、远程连接、文化内容呈现等场景中推广。

脑机接口。 突破脑机融合、类脑芯片、大脑计算神经模型等关键技术和核心器件,研制一批易用安全的脑机接口产品,鼓励探索在医疗康复、无人驾驶、虚拟现实等典型领域的应用。

6G 网络设备。 开展先进无线通信、新型网络架构、跨域融合、空天地一体、网络与数据安全等技术研究,研制无线关键技术概念样机,形成以全息通信、数字孪生等为代表的特色应用。

超大规模新型智算中心。 加快突破 GPU 芯片、集群低时延互连网络、异构资源管理等技术,建设超大规模智算中心,满足大模型迭代训练和应用推理需求。

第三代互联网。 推动第三代互联网在数据交易所应用试点,探索利用区块链技术打通重点行业及领域各主体平台数据,研究第三代互联网数字身份认证体系,建立数据治理和交易流通机制,形成可复制可推广的典型案例。

高端文旅装备。 研发支撑文化娱乐创作的专用及配套软件,推进演艺与游乐先进装备、水陆空旅游高端装备、沉浸式体验设施、智慧旅游系统及检测监测平台的研制,发展智能化、高端化、成套化文旅设备。

先进高效航空装备。 围绕下一代大飞机发展,突破新型布局、智能驾驶、互联航电、多电系统、开式转子混合动力发动机等核心技术。推进超声速、超高效亚声速、新能源客机等先进概念研究。围绕未来智慧空中交通需求,加快电动垂直起降航空器、智能高效航空物流装备等研制及应用。

深部资源勘探开发装备。 围绕深部作业需求,以超深层智能钻机工程样机、深海油气水下生产系统、深海多金属结核采矿车等高端资源勘探开发装备为牵引,推动一系列关键技术攻关。

> **专栏3：强化标准引领**
>
> **前瞻布局标准研究。** 聚焦元宇宙、脑机接口、量子信息等重点领域，制定标准化路线图，研制基础通用、关键技术、试验方法、重点产品、典型应用以及安全伦理等标准，适时推动相关标准制定。
>
> **推动标准应用试点。** 组织有关行业协会、标准化专业机构和技术组织，围绕企业发展需求，开展未来产业领域标准的宣贯、培训，将先进技术、先进理念、先进方法以标准形式导入企业研发、生产、管理等环节。
>
> **深化标准国际合作。** 支持国内企事业单位深度参与国际电信联盟（ITU）、国际标准化组织（ISO）、国际电工委员会（IEC）等国际标准化活动，组织产业链上下游企业共同推进国际标准研制，探索成立国际性标准化联盟组织。
>
> **构建知识产权体系。** 建设未来产业知识产权运营服务平台，开展知识产权风险监测与评估。组建知识产权联盟，建设产业专利池，开展重点产业链专利分析，建设高质量专利遴选、评价及推广体系。

3. 2024年《政府工作报告》

《政府工作报告》中说，制定未来产业发展规划，开辟量子技术、生命科学等新赛道，创建一批未来产业先导区。

二、地利：中国未来产业的经济地理分布

未来产业也已成为国内各省市前瞻布局的重点领域，创建"未来产业先导区"也成为地方布局热点。

（1）北京市锚定未来信息、未来健康、未来制造、未来能源、未来材料、未来空间六大领域，布局通用人工智能、第六代移动通信、元宇宙、量子信息、光电子、基因技术、细胞治疗与再生医学等20个未来产业，抢占未来产业发展先机，打造成为世界领先的未来产业策源高地。

到2030年，北京市将形成一批颠覆性技术和重大原创成果，培育一批行业领军企业、独角兽企业，培养引进一批战略科学家、产业领军人才、产业经理人和卓越工程师；到2035年，北京市将集聚一批具有国际影响力和话语权的创新主体，成为全球未来产业发展的引领者。

（2）上海市发布的《上海打造未来产业创新高地，发展壮大未来产业集群行动方案》，到2030年，上海要在未来健康、未来智能、未来能源、未来空间和未来材料五大领域，涌现一批具有世界影响力的硬核成果、创新企业和领军人才。目前上海已确定五大未来产业的16个细分领域，包括脑机接口、合成生物、量子科技、新型储能、空天利用等，为此，上海开启面向全球的"未来产业之星大赛"，旨在努力挖掘领军人才、专业人才，同时全力发挥上海信息、资本、专业服务机构发达集聚，以及应用场景、制度供给优势。

（3）广东省发布未来电子信息、未来智能装备、未来生命健康、未来材料、未来绿色低碳五大未来产业集群行动计划，瞄准有望形成千亿级、万亿级规模的前沿产业方向，打造全省未来产业发展矩阵。

（4）深圳市发布《关于发展壮大战略性新兴产业集群和培育发展未来产业的意见》，明确了八大未来产业的重点发展方向，包括合成生物、区块链、细胞与基因、空天技术、脑科学与类脑智能、深地深海、可见光通信与光计算、量子信息。

（5）浙江省在《关于浙江省未来产业先导区建设的指导意见》中提出，到2025年要打造30个左右特色鲜明、引领发展的未来产业先导区。

几乎各省市都提到了发展未来产业，但是我认为，前瞻布局未来产业力度最大、创建"未来产业先导区"的主要集中在一线城市、新一线城市和发达省市。这些地方的未来产业"政产学研用"比较配套，便于企业就地转化。

三、人和：两种策略和两种路线

想要进军未来产业，必须了解未来产业是如何产生的。未来产业是如何产生的呢？未来产业的来源有三种，或者说未来产业有三种"版本"。

一是新兴产业"升级版"。一些未来产业在本质上就是新兴产业的"升级版"。比如，6G是5G的"升级版"，第三代互联网是第二代互联网的"升级版"，未来能源是新能源的"升级版"，未来材料是新材料的"升级版"，等等。

二是新兴产业"融合版"。比如，工业互联网是工业和互联网融合，卫星互联网是卫星和互联网融合，脑机接口是硅基生命技术和碳基生命技术的融合。

三是"天外来客版"。就是这种未来产业不依托于现有新兴产业，而是新技术革命突破催生的未来产业。

从总体上讲，进军未来产业又有两种策略、两种路线。

1. 进军未来产业的两种策略

（1）**想象力策略**。从某种意义上讲，未来产业是想象力产业，更适合有想象力的青年企业家和科学家，甚至需要科幻和奇幻的思想。如果邀请科幻作家、奇幻作家一起来参与未来产业研讨，绝不是一种调侃，而是一种创新思路。

（2）**以终为始策略**。发展未来产业的关键是要以终为始，规划未来产业的落地路线。

未来产业的落地要经历三个路线，即技术路线、产品路线、商品路线。其一是技术路线。考量在技术上是否成立、能否打通。其二是产品路线。技术变成产品，需要考量在生产制造过程中的安全性、可靠性、一致性、质量保证。其三是商品路线。以客户为中心，考量商品是否能卖得出去，太贵、太超前，都可能卖不出去。

所以，规划未来产业的落地路线不能按照"顺叙"来规划，而是按照"倒叙"来进行。因为未来产业仍然是产业，检验的唯一标准是客户买不买单。

2. 发展未来产业的两种路线

（1）**国家规划路线**。就是按照国家有关部委提出的方向来规划自己的发展路线。国家提出的未来产业六大方向是经过众多科学家和产业研究专家论证的，按照这些方向比较靠谱、比较稳健。

（2）**自由想象力路线**。有志于未来产业发展的企业家和创业者，可以放飞想象力，关注前沿技术和颠覆性技术，邀请各种有创意的年轻人组成未来产业创意联盟，这可能是另外一种路线，我把这种路线叫自由想象力路线。

思考： 2005年，美国作家、谷歌未来科学家雷·库日韦尔在其著作《奇点临近》中预言，随着人工智能及其他技术进步，到2045年，人类会因"脑机融合""人机融合"而走向永生。你认同这个观点吗？

| 第四章 |

设计企业新质经营系统

高质量发展需要新的生产力理论来指导,而新质生产力已经在实践中形成并展示出对高质量发展的强劲推动力、支撑力,需要我们从理论上进行总结、概括,用以指导新的发展实践。

——习近平在中共中央政治局第十一次集体学习时的讲话

亚马孙流域的一只蝴蝶扇动翅膀，会掀起密西西比河流域的一场风暴。

美国当地时间 2024 年 2 月 15 日，OpenAI 公司正式发布文生视频模型 Sora，并发布了 48 个文生视频案例和技术报告，正式入局视频生成领域。Sora 能够根据提示词生成 60 秒的连贯视频，"碾压"了行业目前平均大概只有的"4 秒"视频生成长度。Sora 发布后，全球人工智能概念股全线上涨。

Sora 迅速引起国内企业家的热议。趣丸集团副总裁庄明浩认为 Sora 的面世影响的不仅是文生视频领域，下一步将是过去一年各家游戏物理引擎厂商们一直在尝试的自然语言改造生产流程，以及 3D 素材生产这个战场。360 集团创始人、董事长周鸿祎表示 Sora 将缩短 AGI（通用人工智能）实现时间，从 10 年缩短到 1 年。OpenAI 训练该模型应该会以视频和摄像头捕捉的画面为主，人工智能通过观看大量视频来对世界有更深入的理解，这离 AGI 实现不远。

2024 年全国两会政府工作报告中一个新关键词引发热议——"人工智能+"，这是"人工智能+"首次被写入政府工作报告中。

工业和信息化部赛迪研究院数据显示，2023 年，我国生成式人工智能的企业采用率已达 15%，市场规模约为 14.4 万亿元。专家预测，2035 年生成式人工智能有望为全球贡献近 90 万亿元的经济价值，其中我国将突破 30 万亿元。不单单是人工智能技术，中国还将积极打造生物制造、商业航天、低空经济等新增长引擎。新技术、新产业的出现会让一些企业如日中天，却可能会让另一些企业坠入地狱。

企业发展新质生产力不仅要加大科技创新，还要设计新质经营系统，它是发展新质生产力的"底座"，没有"底座"，企业就会站立不稳。

设计企业新质经营系统包括新质经营战略设计、新质企业组织设计、新质商业模式设计和新质运营模式设计四大板块。

第一节
新质经营战略设计

> **案例** 105家科创企业倒在资金链断裂

2022年7月,诺领科技被曝倒闭,这是一家专注于蜂窝物联网(C-loT)无线通信领域的明星芯片(IC)设计制作企业。据公司创始人王承周解释,公司运营不畅的原因包括产品定位出错,首款产品定义太过复杂,公司在窄带物联网(NB-loT)这个规模相对较小的市场投入太多、耽误太久,拖垮整个公司。

据报道,诺领科技第一款流片产品NK6010出货不顺利,公司在2020年几乎无营收,2021年营收仅约150万元,而这两年研发耗费近2.4亿元。诺领科技曾计划继续融资,但因提出过高估值难以推动,又因市面上有可能并购的主体数量有限等原因,最终寻求收购失败。

诺领科技情况并非特例,许多像诺领科技这样,无量产产品支撑,面临"融不到钱就倒闭"风险的芯片企业,最终没能走过2022年。据不完全统计,2022年有105家企业因资金链断裂,破产关停。(资料来源:《时代周报》,《2022年科创企业倒闭名录:105家企业遭破产关停,资金链断裂部分员工讨薪难》,2023年1月9日。)

人体若没有DNA会怎样呢?如果人体没有DNA,那么从生物学的角度来看,这个"人体"就不再是一个有生命的实体,因为它失去了生命的遗传基础和指令。

那么,企业的DNA是什么呢?毫无疑问,企业的DNA就是企业战略系统。

第四章 设计企业新质经营系统

企业战略系统是企业长期发展的总体规划，涉及企业的愿景、使命、核心价值观以及组织结构等方面，关注的是企业在市场竞争中建立竞争优势的整体方针和目标。其中，企业战略通常涉及对市场、产品、技术、资源配置等方面的决策，以确保企业在竞争中达到长期的成功。它关注的是企业如何有效地管理资源、组织运营以及实现短期目标和效益。

企业经营战略是企业战略中的一个板块，通常涉及市场营销策略、产品开发策略、运营管理策略、财务管理策略等方面的决策，以保证企业能够高效地运作并实现战略目标。企业战略提供了经营战略的指导方向，而经营战略则贯彻了企业战略的具体实施。因此，在实际应用中，企业都将企业经营战略视为企业战略的最重要板块，乃至将企业战略等同于经营战略。

需要特别强调的是，企业战略必须依托于经营战略才能发挥作用，经营战略承担着为企业造血的重要责任。**因此在企业战略设计中，经营战略设计乃是一号工程，更是一把手工程。**

科技革命和产业变革使得跨界竞争加剧，也使新质生产力时代的经营战略与传统经营战略大不相同。为了彰显这种不同，我将之称为"新质经营战略"。相应地，新质经营战略设计也与传统经营战略设计大不相同。

一、新质经营战略设计的重大变化

传统的企业经营战略系统包括三个子战略板块：总体战略、职能战略和竞争战略。总体战略是企业战略体系的核心，是指导企业发展的长期规划，包括发展目标、业务组合、资源配置等方面的决策。职能战略则是根据总体战略的要求，指导企业各个职能部门如何实现企业战略目标的战略。竞争战略则是针对企业在市场竞争中所采取的策略和手段的战略。

总体战略、职能战略和竞争战略相互关联、相互支持，构成了一个完整的企业经营战略系统。总体战略是企业战略的总体规划，职能战略是实现总体战略的具体行动计划，竞争战略则是企业在市场竞争中所需要采取的策略和手段。

旧地图上是找不到新大陆的。如果按照传统的经营战略系统来规划设计，不仅耗时耗力，还可能因为设计了完美的战略，却错过了战略机会，甚至犯战略错误。

企业经营是需求和供给互动的游戏，本质就是资金流动的游戏。因此，资金链、需求链和供应链在企业经营战略系统中具有至关重要的地位。

1. 资金链

流动性与风险管理：资金链是企业经营的"血液"，保持资金链的流动性是企业在激烈竞争环境中生存和发展的关键。资金链管理涉及融资、投资和运营等多个方面，直接影响到企业的财务状况和风险控制。

企业扩张与投资：资金链不仅关乎企业的日常运营，还与企业扩张、投资和并购等活动紧密相连。企业的成长和发展离不开对资金链的合理规划和有效管理。

2. 需求链

市场洞察与客户需求：需求链管理强调对市场趋势和客户需求的深入洞察。在新质生产力时代，客户需求变化迅速，企业需要快速、准确地捕捉并满足这些需求，以保持竞争优势。

价值创造与品牌建设：需求链管理不仅是生产和销售产品，更重要的是创造客户价值。通过满足客户需求，企业能够建立品牌忠诚度，提升市场份额，实现可持续发展。

3. 供应链

资源整合与成本控制：供应链管理涉及从原材料采购到最终产品交付的整个过程。优化供应链能够降低成本、提高效率，从而增强企业的盈利能力。通过协同合作，企业可以提升整体运营效率，为客户提供更优质的产品和服务。

环境可持续性：随着社会对环境保护的日益关注，供应链管理也需考虑环境可持续性。优化供应链能够降低资源消耗和碳排放，提升企业社会责任。

它们相互关联、相互影响，共同决定了企业的运营效率、盈利能力、市场地位和社会责任。因此，企业在制定经营战略时，需要充分考虑这三个板块的协同发展，以实现整体的最优绩效。

新质生产力时代，刚性的资金链、需求链和供应链必然不能满足企业经营需要，所以经营战略设计的重大变化就是一切要以柔克刚，让三者变得更有柔性并形成完美组合。

二、新质经营战略的"三柔战略"设计

新质经营战略包括柔性资金链、柔性顾客链和柔性供应链，简称"三柔战略"，如图4-1所示。"三柔战略"既针对新兴产业和未来产业企业，也针对深度转型的传统企业；既针对项目早期阶段，也针对中期和成熟阶段。在经济环境下行的形势下，"三柔战略"显得更加重要，可能是救命良方。

图4-1 新质经营战略设计的"三柔战略"

无论企业是缺钱，还是不差钱，"三柔战略"都是不错的选择，它能让企业充分应对复杂的市场环境和未来

更多的不确定性。

"三柔战略"首先是一种战略思维。旨在抓住现金流这个"牛鼻子",从资金链、顾客链和供应链三个关键因素的组合找到解决方案。

"三柔战略"其次是一种战略工具。虽然柔性资金链、柔性顾客链和柔性供应链策略有一定的专业性,甚至读起来有些晦涩,但是市场上有相应软件系统和数据工具作为辅助,不需要企业家殚精竭虑地去重新开发。

(一)柔性资金链

柔性资金链是指在新质生产力时代背景下,企业为应对市场环境的快速变化和不确定性而构建的具有柔性的资金链管理体系。它旨在提高企业的财务灵活性和应对能力,以适应不断变化的市场需求和竞争态势。

1. 柔性资金链四大思维

柔性资金链有四大思维,也称作"柔性资金链四大内涵",如图4-2所示。

图4-2 柔性资金链的四大思维

(1)注重灵活性:柔性资金链的核心特点是灵活性,即能够快速、有效地应对市场变化和突发事件,是柔性资金链第一思维。

(2)注重风险管控:柔性资金链强调风险预警、识别、评估和控制,以确保企业在多变的市场环境中保持财务稳定,是柔性资金链第二思维。

(3)注重资金优化:通过合理配置和优化资金资源,柔性资金链能够提高企业的资金使用效率,降低运营成本,是柔性资金链第三思维。

（4）注重持续创新：柔性资金链鼓励财务管理创新，为企业提供持续的财务变革动力，是柔性资金链第四思维。

2. 柔性资金链七大任务

柔性资金链工作主要包括七大任务，主导着企业灵活自如运用资金能力的提升。

（1）融资管理：包括债务融资、股权融资、融资租赁等方式，确保企业在不同发展阶段获得足够的资金支持。

（2）投资决策：根据企业战略和市场状况，制定合理的投资计划和决策，以实现资金的增值和有效利用。

（3）现金流管理：通过合理安排现金流，确保企业日常经营活动的正常运转，同时满足短期和长期的资金需求。

（4）风险管理：通过建立完善的风险管理体系，降低企业在经营过程中面临的各种风险，如市场风险、信用风险、操作风险等。

（5）财务报告与分析：定期编制财务报告，对企业的经营成果、财务状况、现金流量等进行全面分析和评估，为企业决策提供依据。

（6）内部控制与审计：建立健全的内部控制体系和审计制度，确保企业财务活动的合规性和准确性，防止财务风险的发生。

（7）资本运作与创新：通过资本运作手段实现企业资产、负债和所有者权益的有效配置和管理，同时鼓励财务管理创新，提升企业的财务管理水平。

无论是传统产业企业还是新兴产业企业，企业经营战略都要围绕现金流畅通这个核心来设计，很多科技型企业倒在现金流断裂非常值得深思。

尤其是科技型企业早期都是靠资本输血来启动，但是不考虑其他融资方式并经营造血，必定会让资金链变得非常刚性。交易之道，刚则易折。唯有至柔，方可纵横天下。

3. 柔性资金链策略

企业融资实行"债务融资＋股权融资＋融资租赁＋其他融资方式"组合策略，如图4-3所示。

其中，股权融资实行"产业资本＋金融资本"的组合。对于产业化较为成熟的科技企业，前期甚至以产业资本为主，避免过早被资本绑架而偏离企业初心。

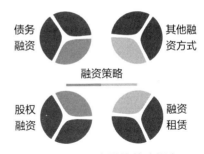

图4-3 四大融资策略组合

融资要有两大策略：第一，不要等企业缺钱才去融资；第二，要融到花不完的钱。

雷军在参加2014第二届中国天使投资人大会上说，自己研究了阿里巴巴十多年的创业历史，总结了最重要的三点，其中第三点就是创业要融到花不完的钱。这非常值得我们深思。

除了融资外，早期企业经营现金流策略还包括产品销售、供应链融资、梦想合伙人众筹、产品众筹、企业或者创始人副产品变现，以及其他方式，如图4-4所示。其中，产品销售和供应链融资针对企业开发出成熟产品阶段，梦想合伙人众筹、产品众筹、企业或者创始人副产品变现主要针对企业还没有开发出成熟产品阶段。

图4-4 企业经营现金流策略

华米科技于2020年4月份在智能硬件出海平台Indiegogo上线了一款外观极富未来感的智能手环Amazfit X。其炫酷的外观吸引了众多支持者，最终众筹金额突破200万美元，赢得10000多名支持者。然而华米科技并非缺钱而为之，因为2018年2月8日它就在美国纽约证券交易所

（NYSE）正式上市，成为首家在美上市的中国智能可穿戴硬件企业。这只是华米科技柔性资金链的一种策略，更是提前锁定客户的一种办法。

华米科技的案例说明，梦想合伙人众筹、产品众筹、企业或者创始人副产品变现等经营现金流策略，在没有成熟产品阶段可以使用，在成熟产品阶段也可以使用；中小企业可以使用，大企业乃至上市企业也可以使用。

（二）柔性顾客链

柔性顾客链是指企业在新质生产力时代背景下，为应对顾客需求和行为的快速变化，构建的有柔性的顾客服务和管理体系。柔性顾客链既解决了企业的顾客需求问题，又避免了需求的刚性对企业经营发展的整体规划和可持续性的破坏。

1. 柔性顾客链四大思维

柔性顾客链有四大思维，也称作"柔性顾客链四大内涵"，如图4-5所示。

图4-5　柔性顾客链的四大思维

（1）注重敏捷性：能够快速、准确地响应顾客需求和反馈，及时调整服务策略，是柔性顾客链第一思维。

（2）注重个性化服务：根据顾客的个性化需求，提供定制化的服务和产品，是柔性顾客链第二思维。

（3）注重顾客关系管理：通过有效的顾客关系管理，提高顾客满意度和忠诚度，是柔性顾客链第三思维。

（4）注重数据驱动决策：利用数据分析工具，深入了解顾客需求和行为，优化服务策略，是柔性顾客链第四思维。

2. 柔性顾客链十大任务

柔性顾客链工作主要包括十大任务，主导着企业创造顾客、连接顾客、经营顾客能力的提升。

（1）顾客调研与反馈：通过定期的顾客调研和实时反馈系统，收集和分析顾客的意见和建议，了解他们的需求和期望。

（2）定制化服务与产品开发：根据顾客的需求和反馈，提供定制化的产品或服务，满足不同顾客的特定需求。同时，不断进行产品创新和开发，以满足市场和顾客的变化需求。

（3）客户关系管理：建立和维护与顾客的良好关系，通过有效地沟通、互动和服务，提高顾客满意度和忠诚度。

（4）数据分析与优化：运用数据分析工具对收集到的顾客数据进行分析，深入了解顾客的需求、行为和偏好，为企业的决策提供支持。同时，根据数据分析结果不断优化产品和服务，提升顾客体验。

（5）社交媒体与互动营销：利用社交媒体平台进行品牌宣传、产品推广和与顾客互动，在提高品牌知名度和影响力的同时增强与顾客的黏性。

（6）顾客社群与论坛管理：建立和维护一个积极的顾客社群和论坛，鼓励顾客之间的交流和分享，了解他们的真实声音和需求，以便更好地满足他们的期望。

（7）售后服务与关怀：提供优质的售后服务和支持，及时解决顾客的问题和满足他们的需求。同时，通过各种关怀措施增强与顾客的情感联系。

（8）价值创新与持续改进：不断挖掘顾客的潜在需求，通过价值创新提供超越期望的产品和服务体验。同时，持续改进和优化企业运营和服务流程，以提升效率和顾客满意度。

（9）顾客生命周期管理：从潜在顾客的获取到现有顾客的维护和流失预警，全面管理顾客生命周期。针对不同阶段的顾客制定相应的策略，提高整体顾客留存率。

（10）跨渠道整合：整合线上线下多个渠道（如官网、实体店、社交媒体等），确保顾客在不同渠道获得一致、便捷的服务体验。加强各渠道间的协同作用，提升整体运营效率。

3. 柔性顾客链策略

柔性顾客链有三大策略："量时而行，量力而行"的顾客发展策略、"散而美，小而美"的顾客组合策略、重新定义顾客需求策略。

（1）**"量时而行，量力而行"的顾客发展策略**。顾客不是越多越好，而是"量时而行，量力而行"。尤其在发展初期或新技术新产品早期，企业的客户可以少一点儿，既可以匹配企业的有限服务能力，又可以通过较少的客户进行反馈，不断迭代。

（2）**"散而美，小而美"的顾客组合策略**。无论是 B2B 企业还是 B2C 企业，顾客都是或散而美，或小而美。企业要造海而不是造池塘，不依赖于池塘里有限的几尾鱼，而是吸引大海里的鱼群。企业要的是小型鱼、中型鱼，而不是大型鱼乃至鲨鱼或者巨鲸。客大欺店的传统商业逻辑仍然有一定的道理。

必须指出，"散"和"小"并不是说反对企业发展大客户，而是指企业的顾客不要过于集中或者依赖于有限的几个大客户。如果这样，一旦大客户出现风吹草动，企业就会发生地震，这是不健康的。

"量时而行，量力而行"的顾客发展策略和"散而美，小而美"的顾客组合策略旨在解决顾客需求的平滑与可持续，避免企业经营资源和经营能力的浪费。

（3）**重新定义顾客需求策略**。公司聚焦主营业务和产品属于基本常识，但是公司在早期阶段，尤其是科技公司在早期阶段，就需要做另外的思考和策略。在产品后期阶段，就需要考虑新产品开发策略。在产业后期阶段，就需要考虑第二增长曲线策略。

早期阶段有两种情况：第一种情况，主营业务和产品还没有开发出来。公司没有主营业务和产品，没有顾客，相应地就没有主营业务和产品的营收现金流。第二种情况，主营业务和产品开发出来，营收不好或者失败了，虽已经调整却没法好转。

该怎么办呢？

无论什么公司，依赖于资本和金融输血都是不健康的。因此，在主营业务和产品还没有开发出来，以及主营业务和产品开发出来营收不好或者失败的时候，公司需要辅助业务和产品来存活，这就需要重新定义顾客需求。

重新定义顾客需求有两种方式：第一种，围绕主营业务和产品设计能够马上变现的教育产品或服务产品。第二种，围绕主营业务和产品顾客的相关需求设计能够马上变现的业务或产品。

其实，公司在早期阶段重新定义顾客需求是一种柔性顾客链策略，其主旨就是增强顾客链柔性，让公司活下来。对于任何企业，活下来才是王道，而主要依靠自身营收现金流活下来才是王道中的王道。

在产品后期阶段和产业后期阶段，考虑新产品开发策略和第二增长曲线策略，是"为了活得更好"的问题，相对容易一些，这里就不再赘述。

(三)柔性供应链

柔性供应链是指企业利用互联网技术,构建具有柔性的供应链管理体系,以适应快速变化的市场需求和竞争环境。

1. 柔性供应链四大思维

柔性供应链有四大思维,也称作"柔性供应链四大内涵",如图4-6所示。

图4-6 柔性供应链的四大思维

(1)注重快速响应:柔性供应链能够快速调整生产和配送计划,以满足市场需求的快速变化。

(2)注重灵活性:柔性供应链具有较高的灵活性,能够根据市场需求的变化快速地进行资源整合和配置。

(3)注重可扩展性:柔性供应链具有较强的可扩展性,能够随着企业规模的扩大而快速地适应新的生产能力和市场需求。

(4)注重协同能力:柔性供应链能够实现各环节之间的协同作业,提高整体运营效率。

2. 柔性供应链九大任务

柔性供应链工作主要包括九大任务,主导着企业像水龙头一样,快速、高效、优质、合理地供应产品能力的提升。

(1)需求管理:通过市场调研和数据分析,及时掌握客户需求和市场变化,为供应链的快速响应提供数据支持。

(2)生产计划与调度:根据市场需求和生产能力,制定合理的生产计划和调度方案,确保生产过程的顺利进行。

(3)采购管理:建立完善的采购体系,确保原材料的供应稳定和及时。

（4）库存管理：通过合理的库存控制策略，降低库存成本，提高库存周转率。

（5）物流与配送管理：优化物流和配送网络，提高配送效率，降低物流成本。

（6）风险管理：建立健全的供应链风险管理体系，提高企业应对风险的能力。

（7）信息技术应用：借助互联网技术和信息技术手段，实现供应链各环节之间的信息共享和协同作业。

（8）供应商合作与协同：建立与供应商的长期合作关系，实现资源共享、互利共赢。

（9）持续改进与创新：不断优化供应链管理体系，推动企业持续改进和创新发展。

3. 柔性供应链策略

柔性供应链有哪些策略呢？柔性供应链是一种供应链管理模式，所以快速响应、优化库存、强化协同"老三篇"既是供应链思维，也是供应链任务，更是三大基本策略。除此之外，还有"减少非价值增值时间""平行执行活动""建立多层次防御体系"三大辅助策略，如图4-7所示。

（1）采用快速响应技术：企业可以利用信息技术，如物联网、大数据、人工智能等，来实时监控供应链的运行状态，预测市场需求变化，并快速做出响应。这样可以及时调整生产计划、物流计划等，以适应市场的变化。

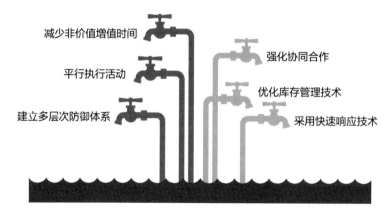

图4-7 柔性供应链的六大策略

（2）优化库存管理技术：企业可以通过优化库存管理，如采用精益库存管理、实时库存监控等，来降低库存成本，提高库存周转率。这样可以减少资金占用，提高供应链的灵活性。

（3）强化协同合作：企业可以与供应链中的合作伙伴建立紧密的合作关系，共同应对市场变化。通过协同合作，可以实现信息共享、风险共担、资源共享等，提高整个供应链的竞争力。

（4）减少非价值增值时间：从客户角度看，花在供应链中的大多数时间都不会增加价值。因此，企业需要优化流程，减少非必要的环节和等待时间，提高供应链的运作效率。

（5）平行执行活动：企业可以通过同时开展多个活动，如并行生产、并行物流等，来缩短供应链响应时间。这样可以减少生产或物流过程中的等待时间，提高供应链的灵活性。

（6）建立多层次防御体系：在供应链中建立多层次的防御体系，如供应商备选方案、备品备件库存、生产计划调整等，以应对供应链中的不确定性因素。这样可以降低供应链中断的风险，提高供应链的稳定性。

新质生产力时代是专家治企的时代，合格的企业家要亲自研究新质企业经营战略设计。

新质企业经营战略设计，要以现金流为核心，实施柔性资金链、柔性顾客链和柔性供应链"三柔战略"。柔性资金链解决资金的稳健融通与流动，柔性顾客链解决顾客需求的平滑与可持续，柔性供应链解决产品供给的快速、灵活、可扩展与完美协同。它们三位一体，完美组合，成为企业经营战略的最佳配称。总之，新质经营战略设计的关键就是一个字：柔。

思考：有网友说，以诺领科技创始团队的科技光环，研发出一套物联网教育课程产品，营收也可能不止150万元。如果你为诺领科技公司设计一套"三柔战略"，具体的方案是什么样的呢？

第二节
新质企业组织设计

案例　小米同城会

小米社群的一位米粉发布了这样一条信息：
＃米粉同城会＃? 小米陕西西安米粉同城会
2023 感谢朋友们的支持和鼓励
2024 让我们一往无前，奔赴未来
永远相信美好的事情即将发生

"小米同城会"或称"米粉同城会"都是指小米公司引导的、米粉自主发起的粉丝组织。他们的活动需要自掏腰包,小米公司并不提供经费,最多也就提供一些礼品赞助。

小米同城会与小米公司是什么关系呢?小米同城会是由米粉自发组建、经小米公司官方认证的米粉组织。

根据小米官网信息,小米官方每月不定期发起同城活动,共同研究手机的问题。因此,小米同城会与小米公司之间存在一种密切的合作关系,旨在共同推动米粉文化的发展和推广小米的产品。

小米同城会对小米公司的发展有帮助吗?当然有,而且帮助很大,因为小米公司就是一家靠"米粉"壮大起来的公司。新质生产力时代的企业,可以从小米同城会这件事情上得到什么启发呢?

我认为,小米同城会至少在"以用户为中心""扁平化组织结构""社群化运营""数据驱动决策""敏捷的组织能力""开放的组织文化""跨部门协作""培养粉丝文化""持续优化与迭代"九个方面给企业以启示。这些启示对于企业在新质生产力时代构建高效、灵活的企业组织具有重要的指导意义。

那么,新质生产力时代,该怎样进行企业组织设计呢?

一、企业文化设计

企业文化是一个企业由其愿景、使命、信念、价值观、仪式、符号、处事方式等组成的特有文化系统。它是企业核心竞争力的重要组成部分。

在新质生产力时代,企业文化发生了以下六个方面变化:

(1)更加注重创新和变革:新质生产力时代,信息传递迅速,技术更新换代频繁,企业需要不断创新以适应市场变化。因此,许多企业文化鼓励员工敢于挑战、勇于创新,以应对不断变化的市场环境。

(2)更加注重以用户为中心:新质生产力时代,用户需求和体验对企业发展至关重要。许多企业文化强调以用户为中心，致力于提供更好的产品和服务，以满足用户需求。

（3）更加注重团队协作和共享：在新质生产力时代，信息的传递更加快速和透明，团队协作和共享成为企业文化的重要组成部分。企业鼓励员工之间的交流与合作，共同解决问题和应对挑战。

（4）更加注重开放和包容：随着全球化的发展，企业文化的开放性和包容性变得越来越重要。企业尊重员工的多样性，鼓励不同背景和文化之间的交流与融合，以创造更多的创新机会。

（5）更加注重快速响应和执行力：新质生产力时代，市场变化快速，企业需要具备快速响应和执行力。企业文化鼓励员工迅速做出决策并采取行动，以抓住市场机遇。

（6）更加注重数据驱动的决策：在新质生产力时代，数据成为企业决策的重要依据。企业文化鼓励员工使用数据进行决策，以提高决策的科学性和准确性。

那么如何设计新质企业文化呢？经过研究100多家伟大企业案例，我把企业文化设计解构为企业文化理念设计和企业文化IP设计两个层面。

1. 企业文化理念设计

企业文化理念包含企业所秉持的文化观念、价值观念、企业精神、道德规范、行为准则、历史传统等，是本企业之所以是本企业而不是他企业的核心基因。

我们先来学习一下京东的企业文化理念。

京东企业文化理念

使命：技术为本，让生活更美好。

愿景：成为全球最值得信赖的企业！

核心价值观：客户为先、创新、拼搏、担当、感恩、诚信。

我曾经服务于一家农特产互联网企业。他们最初的使命和愿景是成为世界 500 强企业，核心价值观是为股东创造利润，为员工创造幸福生活，为社会创造价值。他们在我的启发下修改了企业文化理念。

某农特产互联网企业文化理念

使命：让特产走进千家万户，使人人受益。

愿景：2025 年，帮助 60 万小微企业盈利。2030 年，服务 10 亿用户，创造 1000 万就业机会。2050 年，服务全球 30 亿用户。

核心价值观：诚信、拼搏、担当、忠厚。

从京东、这家农特产互联网企业和许多领先企业的企业文化理念设计来看，企业文化理念从单纯强调股东利益和企业利益转变为更加强调客户利益和社会利益，也就是从交易型企业文化转变为价值型企业文化，从强调商业利益为主的"硬文化"转变为强调社会价值为主的"软文化"。

企业文化理念设计本无定式，但以简单为美。目前市场上流行的企业文化理念主要包含三要素：使命、愿景和价值观，如图 4-8 所示。

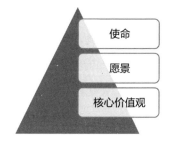

图 4-8　企业文化理念三要素

使命回答的是"我存在的目的是什么""我该做什么""我们企业为什么只能做这个而不做那个"。

德鲁克认为，在剧变的时代，企业所要界定的使命应回答三个基本问题：我们目前的事业是什么、我们的事业将变成什么、我们未来的事业应该是什么。

愿景是指企业向往实现的未来景象，回答的是"企业要到哪里去""企业未来的蓝图是什么——企业未来将成为什么样的企业"。愿景确定企业长期发展的方向、目标、目的、理想、愿望，以及企业自我设定的社会责任和义务等。

核心价值观是指基于企业的使命和愿景，员工包括领导必须共同持有的标准观念和信念。员工包括领导要像信徒一样坚守企业的核心价值观。

> **资料　笔者戏说企业文化理念**
>
> 企业战略思考必须是以下三方面：Mission（使命）、Vision（愿景）和 Organization（组织）。
>
> 使命的英文发音为 [ˈmɪʃ(ə)n]，发音特别像"迷心"，也就是说员工必须把使命上升到"迷心"即"信仰"的地步，如此，企业将所向披靡，无坚不摧！
>
> 愿景的英文发音为 [ˈvɪʒ(ə)n]，发音特别像"为人"，企业的愿景必须"为他人"。
>
> 组织的英文发音为 [ˌɔːrɡənaɪˈzeɪʃ(ə)n]，发音特别像"我给你摘星"，企业必须有"利他"的核心价值观，企业组织只有成员彼此愿意为对方及他人"摘星"，才能称为"组织"，才能成为一个强大的团队。
>
> 而上述用文字表达出来就是企业文化的三个主要内涵：使命、愿景和价值观。

2. 企业文化 IP 设计

很多人只把企业文化简单理解为使命、愿景和价值观等企业文化理念，甚至认为它空洞虚无，不过是企业的装饰品而已。这种观念无可指责，因为一般管理学大师讲企业文化时强调的就是企业文化理念。

然而，世界上的伟大企业不但提出企业文化理念，还把企业文化理念贯彻落实到企业家 IP、组织 IP 和产品 IP 三个非常具体的层面，变成实实在在的企业核心竞争力要素。所以我讲的企业文化不但包括使命愿景价值观等企业文化理念，还包含企业家 IP、组织 IP 和产品 IP 三个方面。

鉴于本篇主要谈企业组织设计，所以关于如何设计企业文化 IP 请参看本书第五章第三节"打造新质文化竞争力"的内容。

二、组织设计

传统企业组织设计遵循科层制，还有直线制、职能制和矩阵式等多种形式。层级较多，臃肿不堪，官僚习气滋生，"组织钙化"严重。在新质生产力时代，企业需要建立"快速反应部队"，组织要像变形金刚一样，从"硬组织"变"软组织"，以适应各种不确定性。

1. 软组织理念"四化"

建立"软组织"，要遵循"四化"：扁平化、自组织化、无边界化和"企业平台化，员工创客化"。

（1）**扁平化**。扁平化管理是企业为解决科层结构的组织形式在现代环境下面临的难题而实施的一种管理模式。当企业规模扩大时，原来的有效办法是增加管理层次，而现在的有效办法是增加管理幅度。当管理层次减少而管理幅度增加时，金字塔状的组织形式就被"压缩"成扁平状的组织形式。

如果我们还不是500强企业，建议学习小米公司早期的组织设计。

在创业初期，小米公司的组织架构没有多的层级，基本上是三级：七个核心创始人—部门负责人—员工，而且不会让团队太大，稍微大一点就拆分成小团队。除七个创始人有职位，其他人都没有职位，都是工程师，晋升的唯一奖励就是涨薪。这样的管理制度减少了层级之间互相汇报浪费的时间。小米当时2500多人，除每周一的1小时公司级例会之外很少开会，也没什么季度总结会、半年总结会。成立3年多，七个合伙人只开过三次集体大会。

（2）**自组织化**。德国理论物理学家哈肯（H. Haken）在《系统自组织》一书中把组织分为两类：他组织和自组织。如果一个系统靠外部指令而形成组织，就是他组织；如果不存在外部指令，系统按照相互默契的某种规则，各尽其责而又协调地自动地形成有序结构，就是自组织。自组织实行的是自管理。自管理既降低了管理成本，也提高了组织效率。

（3）**无边界化**。无边界组织是指其横向的、纵向的或外部的边界不由某种预先设定的结构所限定或定义的一种组织设计。在今天的环境中要想最有效地运营，就必须保持灵活性和非结构化。无边界组织力图取缔指挥链，保持合适的管理跨度，以授权的团队取代部门。

无边界将催生众多的社会化协作行为，众智、众包、众传、众筹、众造等就是典型的社会化协作行为。无边界还将催生虚拟组织，产生虚拟组织管理。

今天，组织的边界已经无限扩展，企业的内部组织与外部组织——社群、外部虚拟组织和联盟组织等，已经紧密融合，共同携手为客户和社会创造价值。

在企业组织设计中，需要强调组织柔性。所谓"组织柔性"是指组织成员可以平滑地在组织内部与外部自由切换。在组织柔性方面可以学习海尔的自主经营体模式"企业平台化，员工创客化"，以及小米公司的"粉丝员工化，员工粉丝化"。

（4）**企业平台化，员工创客化**。张瑞敏认为，互联网时代的企业不仅要打破传统的科层制，更重要的是要变成平台，互联网就是平台。原来的企业有很多层级，现在变成只有三类人。这三类人互相不是被领导的关系，而是创业范围不同的关系，是合伙人的关系，如图4-9所示。

第一类是平台主：即通过这些平台来产生多个创业团队和外部合伙人。

第二类是小微主：即创业团队。

第三类是小微：即普通员工要变成创客。

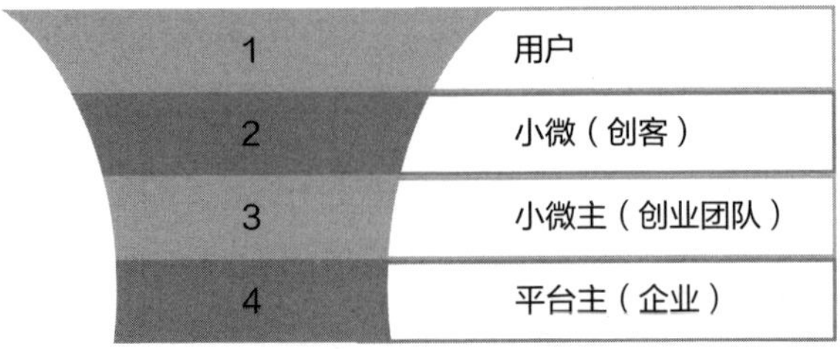

1	用户
2	小微（创客）
3	小微主（创业团队）
4	平台主（企业）

图 4-9　企业平台化与员工创客化

员工创客化要做什么？海尔目前做的就是把员工从雇佣者、执行者，转变成创业者、合伙人。例如著名的雷神游戏本孵化项目就是外部合伙人的成功案例。

2013 年年末，一款名为雷神的游戏笔记本电脑进入市场；2014 年 1 月 15 日，雷神游戏本在京东平台上市，20 分钟 3000 台游戏本被抢购一空；2014 年 7 月 24 日，雷神 911 上市，单个型号 10 秒钟就销售 3000 台；2014 年雷神科技实现 2.5 亿元销售额和近 1300 万元净利润，跃升为国内游戏笔记本销售的第二名，并已拿到 500 万元创投，估值 1 亿 ~ 1.5 亿元；2015 年，经过 Pre-A 和 A 轮融资之后，雷神科技真正开始独立运作，海尔的股份降到 50% 以下。雷神科技是海尔内部员工的创业企业，创始人路凯林及其三名合伙人原是海尔的员工，在海尔推行内部变革的时候成为海尔内部小微主，并成功创办了雷神科技。

2. 组织设计目标

传统企业文化的核心是"四个文化"：集权文化、等级文化、严肃文化和硬性文化。

在新质生产力时代，企业文化的核心也开始了重塑。总结起来，就是两快文化——快乐文化和快节奏文化。

（1）快乐文化："80 后""90 后""00 后"成为企业的主体，他们不喜欢严肃紧张的企业氛围，而喜欢追求快乐轻松。他们崇尚简单的人际关系，远离办公室政治。

（2）快节奏文化：天下武功，唯快不破，推崇快节奏。雷军的互联网思维"七字诀"最后一个字就是"快"。产品不追求完美，而追求快速迭代。行动不瞻前顾后，而追求快速试错。

只有快乐工作，才会贩卖快乐，快乐就是生产力。

只有快速反应，才会适者生存，快节奏也是生产力。

所以，在新质生产力时代，组织设计目标是建立"两快组织"——快乐组织＋快捷组织。

3. 组织设计三要素

组织设计是以企业组织架构为核心的组织系统的整体设计工作，涉及组织架构设计、公司治理结构、责权体系、管理流程、业务流程和控制体系等一整套的工程。组织设计的成果表现为组织架构图、职位说明书和组织手册。

（1）组织架构图：用图形表示组织的整体结构、职权关系及主要职能。组织结构图一般用于描述权力结构、沟通关系、管理范围及分工情况、角色结构和组织资源流向等组织结构及管理关系方面的信息。

（2）职位说明书：是说明组织内部的某一特定职位的责任、义务、权力及其工作关系的书面文件。包括职位名称及素质能力要求、工作内容和工作关系等。

（3）组织手册：是职位说明书与组织架构图的综合，用以说明组织内部各部门的职能、职权、职责及每一个职位的主要职能、职责、职权及相互关系。

三、考核设计

在新质生产力时代，还需要考核吗？回答是肯定的，只不过考核从以 KPI 为主的"硬考核"变成了以 OKR 与 KPI 并重的"软考核"。

1. KPI

在互联网思维泛滥的昨天，在企业经营管理上最大的正义就是"去 KPI 化"，即企业管理不再需要 KPI，其典型就是小米公司早期没有 KPI。

小米公司早期真的没有 KPI 吗？所谓"小米公司早期没有 KPI"的表述，在黎万强的《参与感：小米口碑内部营销手册》一书中至少有三处提及，不过黎万强讲了没有 KPI 的条件：

（1）第 22 页："我们在小米内部完整地建立了一套依靠用户的反馈来改进产品的系统……"

（2）第 50 页："最专业，就是行业经验和专业能力，尤其是招聘工程师，1 个靠谱的工程师不是顶 10 个，可能是 100 个；最合适，则是他要有创业心态，对所做的事情要极度喜欢。员工有创业心态就会自我燃烧，就会有更高主动性，这样就不需要设定一堆的管理制度或 KPI 考核什么的。"

（3）第 271 页："扁是指公司扁平化也没有 KPI，但是这有两个很重要的条件，一是公司有一流团队，二是公司成长速度要足够快，快本身就是一种管理。"

小米公司早期没有 KPI 其实只是指没有业绩 KPI，并非没有"非业绩 KPI"。什么叫"非业绩 KPI"呢？比如，在小米公司早期，雷军曾经讲过这些规定：工程师要会见米粉，其奖金要根据用户投票发放，实际上，用户票数就是 KPI；对于用户咨询或者提意见，小米公司规定了客服人员响应速度等，实际上，这也是 KPI。KPI 的英文全称为"Key Performance Indicator"，中文意思就是"关键绩效指标法"，主要包括"关键行为指标"和"关键结果指标"，从公开的信息看，小米公司对员工没有再设置"关键结果指标"即业绩指标，但是设置了"关键行为指标"，比如，上述对工程师和客服人员的要求。

2. OKR

本书不是 OKR 的专业设计书，仅仅列出 OKR 管理的三个管理原则和设定 OKR 目标的三个原则。

（1）OKR 管理的三个管理原则。

OKR，Objectives and Key Results，即目标与关键结果法。OKR 管理遵循三个管理原则：①结果导向：做正确的事情；②聚焦关键：把事情做正确；③反馈闭环：要有始有终。相应地，OKR 管理的三个阶段主要是定目标、抓过程和复结果。

（2）设定 OKR 目标的三个原则。

设定 OKR 目标有三个原则：①目标要明确方向且鼓舞人心。②目标要有时间期限，有确定的截止日期更有助于目标实现。③独立团队来实现目标，即执行的主体必须清清楚楚，每一个任务都要有独立团队负责，把每一项拆分的关键任务，拆分到独立团队的 OKR 身上，要让独立团队为这个 OKR 负责。

设定 OKR 目标需要遵循的三个原则中，第一个非常不好把控。对那些习惯了用 SMART 原则来描述目标，也习惯了近些年用通用语言——数据来衡量目标的人来说，"方向明确并且鼓舞人心"这样的要求，是典型的会被拿出来批判的表达方式。

综上所述，新质企业组织设计就是要依据扁平化、自组织化、无边界化和"企业平台化，员工创客化"这"四化"使组织变成"软组织"，新质企业组织设计的关键就是一个字：软。

思考： 中国引入 OKR 管理的大部分企业都没有拿到想要的结果，你认为可能有哪些原因呢？

第三节
新质商业模式设计

> **案例** 蔚来正在构建让消费者"感动"的商业模式

2024年3月14日,蔚来汽车推出长寿命电池方案,旨在解决动力电池寿命与车不同寿命的问题。蔚来汽车通过电池本征研发和电池运营模式创新,使得动力电池使用寿命可达15年,寿命到期后电池健康度≥85%。根据测算,到2032年我国电池出保新能源汽车累计规模将达到732.6万辆左右,届时出保电池寿命将大大缩短,车辆续航里程也将下降至70%,消费者面临高额成本更换电池的问题。按照蔚来提出的长寿命动力电池解决方案,比现在的8年质保政策高出将近一倍。围绕这项目标,蔚来从两方面入手解决技术难题,一是通过电池本征研发延缓动力电池化学衰竭,二是加强与电池运营创新相结合,推出了世界领先的BaaS电池租赁服务。

蔚来在电池研发方面积累了大量技术,蔚来目前已经具备了材料合成、电芯试制、系统组装、验证测试全栈研发能力,拥有整车厂中规模最大的电池研发实验室,并已在材料、电芯、系统、软件、云端策略拥有1435项科技专利,其中电池寿命相关专利达104项。

蔚来汽车以电池技术与业务创新,正在构建让消费者"感动"的商业模式。

在新质生产力时代,科技"日新周异",产业一日千里,这些都让新质商业模式设计有了更多的可能性。那么,新质商业模式该怎么设计呢?

一、企业价值八维评估

在新质生产力时代，对企业价值评估的指标体系已经发生了变化，这就要求企业在商业模式设计中更新自己的"坐标系"。

那么，在工业时代与新质生产力时代，企业价值评估指标有什么区别呢？

在工业时代，传统的企业价值评估基本上采用"资产、负债、所有者权益、销售额、利润、现金流"六维评估模式，其中两个最核心的指标一个是利润，一个是自由现金流，评估的依据一般就是企业的资产负债表、损益表和现金流量表三张表，如图4-10所示。

图4-10 工业时代企业价值六维评估

在新质生产力时代，企业价值评估的核心指标是"五资一链二流"，可以称为"新质企业价值八维评估"，如图4-11和图4-12所示。

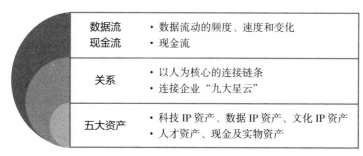

图4-11 新质企业价值八维评估

第四章 设计企业新质经营系统

图 4-12 新质企业价值的五大资产

1. 科技 IP 资产

科技 IP 即科技知识产权,包括发明、实用新型、外观设计;商业秘密;集成电路布图设计;植物新品种;计算机软件著作权;其他科技 IP 六大类。企业应根据不同类别申请不同的知识产权证书,进行相应科技 IP 资产化,再进行科技 IP 资产入表。

科技 IP 资产相关问题还可以参看本书第五章第一节"打造新质科技竞争力"相关内容。

2. 数据 IP 资产

数据 IP 资产即数据知识产权资产。必须指出的是,数据与数据 IP 资产是两个概念,有些数据是不能成为数据 IP 资产的,数据 IP 资产目前有确权的办法,也有数据 IP 资产入表的具体规定,具体按照相应的办法和规定执行,同时可以参看本书第五章第二节"打造新质数据竞争力"相关内容。

(1)企业数据应该有以下几种:

①交易型数据:各种交易型商业数据。

②交流型数据:大家在微信、微博等发的照片,都是人与人之间的关系数据,这种数据在解释人与人之间的关系。

③观测型数据：数据来源于摄像头、谷歌眼镜以及我们佩戴的各种智能设备。这种数据在每时每刻监视着我们的心理、生理的各种各样的指标，也在随时监视着我们的外部环境是什么样。

④其他数据。

（2）数据 IP 资产应该分为以下几种：

①人的数据 IP 资产：会员数据 IP 资产，包括注册会员、活跃会员、粉丝会员、用户会员或者客户会员等。

②社交数据 IP 资产：群/组/联盟量、群/组/联盟活跃度等。群/组/联盟指各种群和小组，比如 QQ 群、微信群、豆瓣小组、网盟、联盟等。

③行为数据 IP 资产：人的行为的全样本数据。它记录了人的动作、感情、思想、爱好和需求等。

④其他数据 IP 资产：最重要的是售后数据和销售数据。

3. 文化 IP 资产

文化 IP 资产即文化知识产权资产。包括企业家 IP、组织 IP 和产品 IP，它们都以商标、著作权、专利权等知识产权的方式构成企业的独特资产。传统的品牌资产概念与企业家 IP、组织 IP 和产品 IP 有近似的地方，但又不完全相同。传统的品牌资产评估基本是企业与品牌资产评估机构合谋的"自嗨"，虽然可以入表，但意义并不大。尤其是一些传统企业品牌动辄被一些商业机构评估为百亿元乃至千亿元，有什么实质意义呢？

在新质生产力时代，文化 IP 资产以及品牌资产评估应该参考企业营收数据和口碑数据。其中口碑数据包括粉丝数据、流量数据（点击量、转发量、点赞量等）、好评差评数据、其他数据等指标，如图 4-13 所示。

文化 IP 资产相关问题还可以参看本书第五章第三节"打造新质文化竞争力"相关内容。

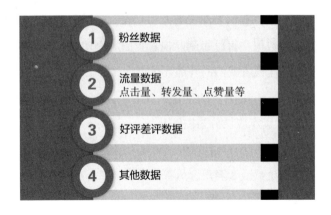

图 4-13　企业口碑数据

4. 人才资产

企业人才资产包括企业家及经营人才资产、科学家及科技人才资产和其他人才资产。

人才资产可以参考人才贡献数据、人才市场价值数据和口碑数据。企业家及经营人才的贡献主要是为企业创造的经营价值，科学家及科技人才资产的贡献主要是为企业创造的科技 IP 价值。人才市场价值数据是指人才在市场上的价值，它只是人才的雇用价值，不等于就是人才资产的价值。口碑数据包括粉丝数据、流量数据（点击量、转发量、点赞量等）、好评差评数据等指标。

所以人才资产价值公式就是：**人才资产价值 = 人才贡献数据 × 系数 + 人才市场价值数据 × 系数 + 口碑数据 × 系数。**

需要强调的是，虽然大家公认"人才是第一资源"，但是人才资产化还没有被认可，更别奢谈人才资产入表了。

在新质生产力时代，一个人的价值等于一个上市公司的价值是很正常的，比如，有人对董宇辉 IP 估值 70 亿元，也有人估值 200 亿元，不管多少，说明董宇辉 IP 的价值是很大的。

其实，在今天，MCN公司的估值中就包含旗下网红的人才资产价值，说明人才资产是可以入表的。我相信，在未来的某一天，人才资产是一定可以入表的，就像我在2015年出版的《互联网＋兵法》书中提出"数据资产"入表一样。

5. 现金及实物资产

现金及实物资产就是企业资产负债表上的数据，这里不再赘述。

6. 一链

"一链"就是指基于五大资产的关系链。关系链从以人为核心的连接链条这个维度进一步描述企业价值。

组织的半径到底有多大？或者说企业组织的朋友圈有多大呢？

新时期的组织包括企业内部人和企业外部人两类利益相关者。企业内部人已经从员工、投资人扩大到上下游产业链乃至价值网的各类人群，只要是可能成为企业合作伙伴的人都将被视为企业内部人。我们把企业上下游产业链乃至价值网的各类人群统称为合作伙伴，包括供应商、渠道商、配套商、服务商、产业组织、标准组织、大学和研究机构等。企业外部人已经从用户、客户扩大到媒体人、社会大众、政府人士和非政府组织人士。

这样，我们就可以画出新时期企业关系链的九类人组成的两个圈：被服务者圈——用户、客户、媒体人、社会大众、政府人士和非政府组织人士；服务者圈——员工、投资人和合作伙伴。企业需要吸引他们都围绕自己进行公转，成为企业关系链的"九大星云"。

7. 二流

"二流"就是指基于五大资产的数据流和现金流。

数据流是从数据流动的频度、速度和变化这几个维度评价数据的流动性或者交互性，没有流动性或者交互性的数据的价值将大打折扣。交易型数据、交流型数据和观测型数据都必须是流动的数据、互动的数据、时时更新的数据。

现金流在任何时候都是企业的"血液"，在新质生产力时代尤其如此！现金流有四种：资本、借款、收入和资金占压现金流。无论是从投资人获得的资本，还是从银行获得的借款，还是从客户获得的收入或者资金占压现金流，都是企业活着的标志。资金占压现金流现在成为一些企业的最重要的现金流。

虽然，"新质企业价值八维评估"和"新质企业价值的五大资产"与现行价值评估和资产入表并不相吻合，但它具有企业估值价值，想成为独角兽企业或者想成长为伟大企业，需要按照这样的思维操作。而创投企业对于新兴企业估值也可以参照这种办法。

二、新质商业模式设计原则

新质商业模式设计原则包括基本原则和核心原则。基本原则解决基本要件，只解决企业的基本生存问题。核心原则解决企业长治久安、可持续发展和成为伟大企业等问题。

1. 新质商业模式设计的基本原则

新质商业模式设计的基本原则是简、快、短。

（1）**简**：学会化繁为简，把简单的模式用好就是好模式。

（2）**快**："天下武功，唯快不破""兵贵神速""用百米冲刺的速度跑马拉松"。

（3）**短**：环节少，链路短。多环节会增加渠道成本，长链路很容易出问题。

发展新质生产力既要注重长期主义，也要注重短期变现。否则，企业可能死在万里征途的路上。

2. 新质商业模式设计的核心原则

在供给充足、可替代方案较多的时代，无论是 G 端客户（政府）、B 端客户（企业），还是 C 端客户（消费者大众）都变得高度"感性"。他们不但重视物质需求，更加注重精神需求。

G 端客户和 B 端客户的"感性"在于更加关注企业的知名度、美誉度、企业 ESG、企业文化、员工幸福指数，以及创始人口碑等。

C 端客户的"感性"在于更加关注企业的知名度、美誉度、企业 ESG、企业文化、员工幸福指数，以及创始人口碑之外，还关注产品赋予的美好想象、情绪价值等。

所以新质商业模式设计的核心原则是"感动"。就是要重视用户和客户的"感性"，增强商业感性，使商业带"感"，以适应精神需求升级的用户和客户，这也是新质商业模式的底层逻辑。

三、粉丝商业模式

小米公司是一家新质企业，它的成功对于其他企业很有借鉴意义，无论是 B2C 企业还是 B2B 企业。

小米公司的成功不是单纯的"产品为王"，也不是单纯的"粉丝营销"或者"饥饿营销"，更不是单纯靠"专注极致口碑快"的互联网思想。那么，小米公司到底是靠什么成功的呢？我认为，小米公司已经创造了一种新的商业模式——粉丝商业模式。

所谓粉丝商业模式，就是通过打造社群，聚合粉丝，然后实施基于粉丝的大数据营销的商业模式闭环。其实质是一种新型的电子商务模式 B2F（Business to Fans），如图 4-14 所示。

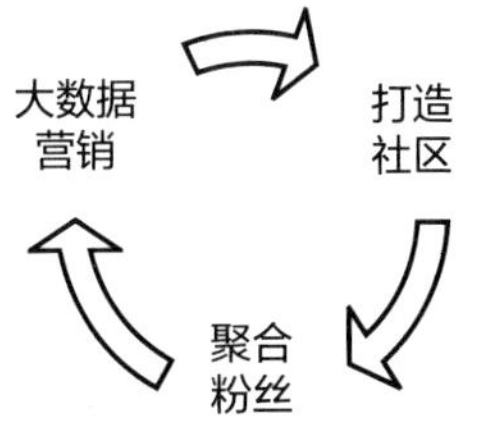

图 4-14 粉丝商业模式

1. "打造社区"是粉丝商业模式的第一步

要想打造社区，必先聚合粉丝。聚合粉丝不必要通过重新建设官方网站、官方论坛或者官方社区，然后烧钱去聚合，而是像《三国演义》中孙策向袁绍借兵建立江东基业一样，采用"借兵"——"借第三方公共社区网民为我所用"的办法。

"第三方公共社区"包括哪些呢？主要包括微信、微博、抖音、快手、百度、支付宝、钉钉、QQ和其他，我称它们为"网民住所九大行星"，如图4-15所示。前八大住所用户都在5亿以上，比如2024年3月QQ月活仍然有5.9亿人，仍然特别值得关注。其他则包括小红书、知乎、豆瓣、B站、美团/大众点评，以及电商交易平台等，用户数量不容小觑。

图4-15 网民住所九大行星

除了上述之外，还有一些B2B平台等社区，企业可以根据自己潜在粉丝的分布来找相应的社区。

小米公司就从上述第三方公共社区中不断导流，通过建立小米公司的官方微博、公众号、QQ空间和百度贴吧等，将网民聚合到小米公司自己的米柚论坛、米聊社区和小米社区中来，并通过"参与感"式的互动，发展了1000多万"米粉"。

我讲的粉丝商业模式与"私域流量"看起来很像，但本质上区别很大。

"私域流量"是特别时髦的词。但"私域流量"天生有两个致命缺陷：其一是"私域"。"私域"是什么？"韭菜园"的代名词吗？所以这个词非常自私，注定做不大。看看忙活的都是一些小公司。其二是"流量"。"流量"和"粉丝"是两个概念。"流量"来得可能快，但流走得可能更快。

所以"私域流量"短命，粉丝商业模式永恒。

2."聚合粉丝"是粉丝商业模式的第二步

粉丝商业模式的基础是"社群化"，其核心五要素是"参与感表达、存在感表现、信赖感强化、心灵共鸣和情感连接"，最核心的是"心灵共鸣"！在新质生产力时代，企业要善于向潜在粉丝表达"参与感"的邀约与互动，要给潜在粉丝创造更多的"存在感"表现机会，要与日俱增地

图 4-16　粉丝社群化核心五要素

强化粉丝对企业的信赖感，要与潜在粉丝逐步达到"心灵共鸣"，要时时处处与潜在粉丝进行"情感连接"。只有这样，才能渐渐形成"社群化"，如图 4-16 所示。

3."大数据营销"是粉丝商业模式的第三步

粉丝商业模式中粉丝营销是基石，粉丝营销必须是三个层次的层层递进，即多圈层的聚合—有情感的连接—有温度的营销，如图 4-17 所示。

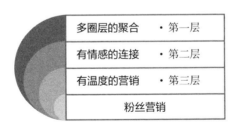

图 4-17　粉丝营销的三个层次

粉丝营销是三种互动机制的融合，其核心互动机制是 F2F。

粉丝营销要比口碑营销更具引爆力，它是三种互动机制的有机融

合，即 F2F + F2P + P2P，如图 4-18 所示。

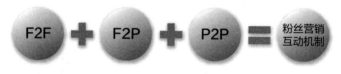

图 4-18 粉丝营销互动机制

第一种机制，粉丝说好，粉丝传播或购买，带来"更多粉丝说好，更多粉丝传播或购买"，然后良性循环，就是 F2F（Fans to Fans）。

第二种机制，很多粉丝说好，很多粉丝传播或购买，带来"很多人（潜在粉丝）说好，很多人（潜在粉丝）传播或购买"，然后循环，就是 F2P（Fans to Person）。

第三种机制，被粉丝带动，"很多人（潜在粉丝）说好，很多人（潜在粉丝）传播或购买"，带来"更多人（潜在粉丝）说好，更多人（潜在粉丝）传播或购买"，然后循环，就是 P2P（Person to Person），更准确来讲是 F2P2P（Fans to Person to Person）。

而在 F2P 或者 F2P2P 的互相影响中，很多人（潜在粉丝）就成了新的粉丝，因此粉丝营销中最核心的机制就是 F2F（Fans to Fans）。

小米公司是粉丝商业模式的领跑者和实践者。2013 年，小米公司经过短短三年的发展实现年销售额 300 多亿元，并且超过 70% 的销售是通过小米官方商城来实现的。为什么呢？就是因为小米公司的社群做得好，小米公司的粉丝聚合做得好。

粉丝商业模式对 B2C 平台电子商务模式是一种颠覆。

在 B2C 平台电子商务模式下，厂商——品牌商、制造商和零售商有三大痛点：第一大痛点是低价；第二大痛点是烧钱；第三大痛点是消费者对厂商缺乏黏性和忠诚度。奉行"低价文化"，消费者都成了 B2C 平台的粉丝。厂商花钱买流量做促销活动，销售就能上升，而一旦停止促销或者不花钱推广，消费者就不来——消费者对厂商缺乏黏性和忠诚度。

基于上述三大痛点,品牌商、制造商和零售商都呼吁电子商务模式创新。

粉丝商业模式对 B2C 平台电子商务模式是一种颠覆。它可以促使厂商通过打造社群、聚合粉丝、基于粉丝的大数据营销,逐步掌握自己的命运,真正做自己的主人!

总之,新质商业模式设计要以新质企业价值八维评估为依据,以"简、快、短"为设计原则,以"感动"为核心设计原则。新质商业模式设计需要特别注重更加感性的、注重精神价值的用户和客户,让商业模式带"感",设计让人感动的商业模式。

新质商业模式设计的关键就是一个字:感!

思考: 如果你有企业,企业的商业模式该从哪几个方面优化呢?如果你想创业,项目的商业模式该怎样设计呢?

第四节
新质运营模式设计

案例 九号公司强势领跑"618"电商节,销售额破 7.62 亿,刷新纪录

2023 年的"618"电商狂欢节已经结束,九号公司在 6 月 21 日公布了自家的"618"战报,结果显示:九号公司自营全渠道销售额破 7.62

亿元，同比增长61%，其中，线上销售额破6.52亿元，同比增长128%；电动两轮车包揽京东、天猫双平台店铺销量/销售额双TOP1；短交通产品包揽京东、抖音平台店铺销量/销售额双TOP1，全速突破创新高，增速持续领跑行业。

　　九号公司作为创新短交通和机器人领域的龙头企业，旗下拥有Ninebot九号和Segway赛格威两大品牌。九号公司的使命是"简化人和物的移动，让生活更加便捷和有趣"，并通过不断创新和变革，推动了智能交通和机器人产品的发展。目前，九号公司已创下多个"行业"纪录——2022年，九号公司的智能电动车销量位居中国市场前例，公司成为中国电动两轮车出货量超过150万辆的快企业；智能电动滑板车的累计产量超过1000万台，巩固了九号公司在行业中的地位；2022年，九号公司的全年营业收入突破百亿，九号出行App的注册用户数超过1000万……连续创下的新纪录标志着九号公司高速发展的事实，同时也显示出了公司未来发展的潜力，期待未来九号公司还能为大众提供更多智能出行选择，创造更多"骑"迹！（资料来源：天极网IT新闻频道，2023年6月26日。）

　　运营模式是企业经营的输出系统，是企业经营的"压轴戏"，决定着企业变现和价值实现。因此，运营模式是重中之重！

　　新质生产力企业要注重新质运营模式设计。新质运营模式与传统运营模式存在着很多不同，最大的不同是"快"，表现在品牌传播、产品开发、技术支撑、销售系统等诸多方面。

　　那么，新质运营模式到底有哪些"快"呢？如何提高企业运营效率、练就"唯快不破"的绝世武功呢？

一、快的原点：粉丝

　　得粉丝者得天下！在新质生产力时代，粉丝即品牌，品牌即粉丝。

无论是特斯拉还是小米，无论是科技企业还是非遗产品企业，要想快就得聚合粉丝，因为粉丝中一定会产生顾客。创造顾客仍然是新质生产力时代企业的唯一目。所以新质运营模式快的原点就是粉丝。

二、品牌塑造秘诀：从企业品牌到粉丝品牌

品牌是一个商业老古董，但是，在新质生产力时代，品牌塑造机制有三大变化。

（1）品牌的本质变为粉丝口碑和图腾。企业品牌不再完全专属于企业自身，从某种意义上讲，品牌成了粉丝品牌。粉丝成为品牌的"精神股东"，他们影响着企业的经营决策，甚至可以影响企业的 CEO 更换。

（2）品牌塑造的基本方法变为打造企业文化 IP。企业文化 IP 包括企业家 IP、组织 IP 和产品 IP，将在后面章节详述。

（3）品牌的引爆点是情绪价值。情绪价值是双刃剑，既可以快速将品牌扶上马，也快速将品牌斩于马下，需要慎之又慎！

情绪价值可能激发社会情绪，社会情绪的汹涌澎湃可能给品牌带来"四两拨千斤"的积极效应，或者"惊涛拍岸"的裹挟效应，乃至灭顶之灾！

华为注册《山海经》神兽商标推动华为 2019 年手机出货量成为全球第一，是国民情感和中华优秀传统文化复兴情绪带来的积极效应。东方甄选的小作文事件则有一种情绪价值裹挟效应，致使东方甄选股价大跌。

情绪价值可能在顷刻间快速放大，其放大的逻辑有两个：第一个是从众效应，三人成虎，众口铄金。第二个是好上加好，或者看热闹不嫌事儿大。情绪还会掀起巨大的舆论漩涡，包括正向的和负向的。郑州水灾时，鸿星尔克巨额捐款 2000 万元，点燃了网民的正向情绪，他们的直播间人气迅速暴涨。而 361° 和安踏的直播间却遭了殃，这是网民的

负向情绪使然。宗庆后去世点燃了网民支持娃哈哈的正向情绪，以及倒踩农夫山泉的负向情绪。

品牌需要引导网民的正向情绪，规避网民的负向情绪。正向情绪会引爆品牌，负向情绪可能会在顷刻间将品牌打入谷底。遭遇正向情绪时，品牌不要得意忘形。遭遇负向情绪时，品牌不要乱了方寸。坚持正知、正念、正能量，做一个可靠、诚信、阳光积极、负责任的品牌才是王道。

二、快的突破口：三单突破

新质运营模式"快"的突破口在于"三单突破"。所谓"三单突破"就是单族突破、单品突破和单点突破。

1. 单族突破：单族突破是粉丝汇聚的突破口，即从单一族群切入，集中全部的兵力搞定种子族群，再上下左右延伸。相反的思维模式是"全面撒网""株连九族"，其结果是"全面撒网，捕鱼很少"和"株连九族，大多跑掉"。

小米公司成立于2010年4月，最初就是从"发烧友"这个群体突破的，其口号是"小米，为发烧而生"。现在公司的使命是"始终坚持做感动人心、价格厚道的好产品，让全球每个人都能享受科技带来的美好生活"，已经从最初的"发烧友"扩大到"全球每个人"。

2. 单品突破：单品突破是产品的突破口，即从单一产品或者单款产品切入，集中优势兵力突破一个产品，然后再不断迭代升级，或者开发另外的产品。相反的思维模式是"多子多福"，其结果是"营养不良，多子少福"。

小米公司现在是一家以智能手机、智能硬件和IoT平台为核心的消费电子及智能制造公司，但在最初就是做手机。第一代小米手机——小米手机1于2011年10月发布，售价1999元。

3. 单点突破：单点突破是商业活动、营销行动或者产品功能点的突破口，即从某一个最重要的点切入，集中优势兵力突破一个点，然后再开发另外的点，直至以点带面。相反的思维模式是"面面俱到"，其结果是"面面俱到，等于不到"。

小米手机在最初阶段，以及后来很多时候，都主打"快"这个产品功能点，仅用 3 年左右时间就做到了全球第三。

四、快运营 A 模式

"健儿须快马，快马须健儿。"能否有一匹"快马"帮助企业加快运营的进程呢？

还真有这样一匹"快马"——"新质运营模式"之"快运营 A 模式"。

为什么称为"快运营 A 模式"呢？因为这是第一个快运营模式。快运营 A 模式包括六个子系统：快市场系统、快产品系统、快传播系统、快销售系统、快服务系统和快体验系统，如图 4-19 所示。

图 4-19　快运营 A 模式六大子系统

1. 快市场系统

所谓"快市场系统"就是利用大数据进行市场信息的快速收集、社群信息的快速监测、消费者数据的快速整合，从而进行快速经营决策，概括起来就是"四快"，即**"快市场定位""快客户卡位""快数据整合"**和**"快经营决策"**。

（1）**快市场定位**。快市场定位要回答"哪些领域是快市场"的问题。

哪些领域是快市场呢？

快速消费的产品或者服务市场是快市场。

毫无疑问，快速消费品属于快市场。而服装百货和一些耐用消费品，比如手机、电视、电脑、汽车等产品，随着新消费人群的产生和消费习惯的改变，都已经变得"快消化"和"快销化"。

快速更新换代和快速迭代的产品或者服务市场是快市场。

更新换代一般是以技术驱动为主的，而快速迭代则一般是由市场领导者引领的。比如，模拟信号手机到数字信号手机的更新换代是靠新技术驱动的。而iPhone15到iPhone16的迭代则是由智能手机领导者苹果公司引领的。

小米公司把自己打造为移动互联网技术和市场的领导者，将智能手机定义为快市场，引领中国智能手机的快速消费（核心米粉的重复消费）。

企业可以学习小米公司，把自己打造成技术和市场的领导者后，就可以定义自己的快市场。

快速流行的产品或者服务市场是快市场。

在快节奏的时代旋律下，一切产品或者服务的市场都可能成为快市场。

比如，2010—2012年的团购市场，2018年左右的智能网联汽车都是快速流行的快市场。既然是快速流行，就一定会快速地出现泡沫，也一定会快速地洗牌。

无论对于哪一个领域的快市场，在切入市场后，传统企业必须谨记"快市场法则"16字诀：**快速切入、单点突破、快速引领、做大为王。**

（2）**快客户卡位**。快客户卡位要回答"哪些客户是快客户"的问题。

海伦司小酒馆创立于2009年，起初就瞄准于一二线城市喜欢夜间场景消费的大学生群体，通过创造轻松快乐的空间，提高用户互动和情感连接，精准穿透年轻消费者。迅速在北京、上海、广州、深圳、武汉、成都等100多个城市拥有直营门店800多家，2021年9月10日，在香港联交所主板正式挂牌上市，成为小酒馆第一股。多年前，某著名服装品牌的老总将自己的目标客户锁定在18～38岁的年轻人这样的很含糊的客户卡位上，结果导致大量的服装库存积压。可见客户卡位准确的重要性。

"快客户卡位法则"12字诀就是：**精准细分、单族突破、专注黏性**。

（3）**快数据整合**。快数据整合要回答"哪些数据需要整合"的问题。

那么到底哪些数据要整合呢？我们给出一个快数据整合的模型——三大可能性数据模型，即用户细分模型、用户活跃度模型和购买可能性模型，如图4-20所示。这三种模型数据都是前者包含后者，依次递减，这种数据整合是建立在企业强大的社交网络系统之上的。不用发愁，市场上有这样的服务公司。

图4-20　三大可能性数据模型

同时还要注重四大交易型数据，即注册会员数据、交互数据、销售数据和复购数据，如图4-21所示。

图 4-21 快交易的四大交易型数据模型

"快数据整合法则" 6 字诀就是:**细分、交互、聚合**。

(4)**快经营决策**。快经营决策要回答"需要什么样的经营决策系统"的问题。

今天的经营决策,作为决策者的人一定要甘居于计算机之后,做"傻瓜式决策"。决策的平台是 SCRM,决策的依据是数据。

"快经营决策法则" 8 字诀就是:**计算先行,决策在后**。

目前,最成熟运用快运营模式的是服装行业中的"快时尚"品牌。这些品牌包括国际品牌飒拉(ZARA)、优衣库等,国内品牌海澜之家等。

所谓"快时尚",主要包含三方面的含义,即上新品速度快、平价和紧跟时尚潮流。其基本策略包括多品种、小批量、网络化、信息化等。

"快时尚"品牌的特点在于"快"与"时尚",通过快速地捕捉时尚、快速地推出新的服装设计、快速地更新销售终端的产品等手段来满足消费者以较低价格获得时尚服装的需求。支撑其特点的是一个覆盖生产链各个环节的高效的 IT 系统和一个紧凑灵活的生产链。他们通过信息化来提高供应链效率,提高运作速度,不但可以使产品的时尚速度提高,还可以加快资金周转。

飒拉取胜的原因在于"飒拉的商业系统"。在这个系统中,IT 模式、买手模式等都推动了飒拉的成功。飒拉通过组建 IT 信息系统,将 1200

家生产企业变为自己的战略联盟，招募上百名时尚"买手"，共同构建了飒拉时尚帝国。

海澜之家起初定位为"男人的衣柜"。除了明星代言之外，从电商这个快市场突破是海澜之家的睿智选择。2017年淘宝/天猫"双十一"的时候，海澜之家领衔中国本土品牌，甚至一举超越优衣库，结束了"双十一"期间日本快时尚品牌占领天猫男装品类第一的局面。从2017年至今，海澜之家一路狂奔，已经升级为"服装国民品牌"。

总体上来讲，快时尚行业是地地道道的科技创新行业，它们依托强大的IT信息系统和数据系统的"快经营决策"非常值得各行各业学习。

2. 快产品系统

快产品系统包括产品的研发、制造、迭代等方面的快速反应系统。快产品系统的产生来自产品的"快消化"和"快销化"。

（1）**产品快研发**。快产品研发要解决两个问题：第一个问题：快产品的概念研发；第二个问题：产品的快速研发与迭代。

快产品的概念研发。时代在变，需求也在变，基于快节奏的"快心理"就是一种非常重要的快产品概念。

产品的快速研发与迭代。软件开发已经从"瀑布开发模式"走向"敏捷开发模式"，即"敏捷开发，快速迭代"。

而硬件开发方面也在走快速迭代的研发模式，更重要的是小米公司创造了一种"群众路线"的开发模式，如图4-22所示。雷军说，小米是走群众路线，依赖群众、相信群众，从群众中来，到群众中去。小米鼓励网友参与，包括语言开发、MIUI主题等。黎万强在做MIUI时有一个疯狂的想法：能不能建立一个10万人的互联网开发团队？小米的研发已经用事实证明了这个疯狂的想法。为了让用户参与到产品研发过程中，小米设计了"橙色星期五"的互联网开发模式，核心是MIUI团队在论坛和用户互动,系统每周更新。

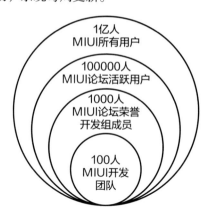

图 4-22　MIUI 10 万人的互联网开发团队模型

今天,传统制造企业或者服务企业的产品开发也可以采用小米公司的这种互联网开发模式,走"群众路线",让用户参与到产品研发过程中,如图 4-22 所示。

（2）**产品快制造**。产品快制造的解决方案是"规模化定制,柔性化供应"。怎么做到这一点呢?

海尔的解决方案是:"我们现在做的就是模块化的设计、模块化的制造、模块化的供应商。通过这个模块化,再进行标准化,然后就可以把个性化需求变成大众化的订单,这样就从原来的大规模制造变成大规模定制。这样既解决了企业大规模制造的问题,又解决了用户个性化的问题。"

工业上还有快速制造技术,包括快速成型系统及其应用、快速模具技术及其应用,以及与快速制造技术相关的三维 CAD 设计技术、逆向工程中常用的三维测量设备等。

除此之外,从中国制造到"中国智造",到工业互联网,这都是实现产品快制造,实现从工厂到用户的康庄大道。

3. 快传播系统

企业需要借用自媒体或者社交媒体实现快速传播，通过微信、微博、抖音、快手等新媒体快速传播，已经成为企业的常规选项。

4. 快销售系统

快销售系统包括闪购、团购、秒杀和产品众筹等多种方式，如图4-23所示。

图4-23 快销售系统

（1）**闪购**。闪购就是网络限时特卖。国内天猫、京东、唯品会等B2C网站几乎都开通了闪购频道。

（2）**团购**。团购就是团体购物，指认识或不认识的消费者联合起来，加大与商家的谈判能力，以求得最优价格的一种购物方式。目前，社区团购成为国内团购的主流模式。

（3）**秒杀**。所谓"秒杀"，就是网络卖家发布一些超低价格的商品，所有买家在同一时间网上抢购的一种销售方式。

（4）**产品众筹**。产品众筹，就是由发起方做调研，节约成本，按需量产。

产品众筹利用互联网和SNS传播的特性，让企业或个人对公众展示他们的创意，争取大家的关注和支持，进而获得所需要的资金援助。

从某种意义上讲产品众筹就是"团购+预售"。传统企业可以把它作为快销售系统的一种方式。

5. 快服务

所谓快服务系统就是指针对某一事项的快速反应、解决客户需求的一套流程或者程序。

（1）**快速响应**。快速响应原是美国纺织服装业发展起来的供应链管理方法,现在已应用到商业的各个领域。企业快速响应时间越短,越能把握更多商机,从而给企业带来更大的利润。

比如小米公司对微博客服有个规定,15分钟快速响应。为此,还专门开发了一个客服平台做处理。在微博上,不管是用户的建议还是"吐槽",很快就有小米公司的工作人员进行回复和解答。

(2)**快物流**。国内最早推行快物流的是京东,最出名的是"京东211限时达":当日上午11点前提交的现货订单,当日送达;夜里11点前提交的现货订单,次日15点前送达。今天,快速物流成为电子商务企业的标配。

国际快时尚企业飒拉为了达到"快"的目的,其每年在物流中心上所耗费的投资就将近1亿欧元,这是其他服装企业所无法比的。

庆幸的是,无论是快速响应,还是快速物流,在今天都有人工智能技术辅助,大大减轻了人力负荷和投入成本。智能客服、智能物流几乎成为企业的标配。

6. 快体验

所谓"快体验"就是快乐体验。这种快乐体验来自客户的感知价值,而非传统企业的"微笑服务"等浅层次的表达。

现在进入"全民娱乐时代",特别是"80后""90后"和"00后"的新消费人群有"娱乐精神",喜欢"装酷",这是一种乐观向上的精神,倒也不必要像一些媒体担心的那样"娱乐至死"。

娱乐化营销在商界非常流行。一方面广告可以植入影视剧,另一方面可以通过动漫、暴漫、视频、段子、脱口秀等娱乐化的形式博客户一乐。

娱乐化营销还有一个重要方面就是CEO的"娱乐明星化",无论是跳"骑马舞",还是跳"小苹果";无论是跳"科目三",还是家庭场景的无厘头娱乐，如图4-24所示。

三只羊集团为什么能够在几年之内迅速崛起？在于创始人疯狂小杨哥通过短视频进行的独特的娱乐化营销。独特在哪里呢？其一，在于他们的企业使命："传递快乐"和"有家的地方有工作"。以"传递快乐"为依归，助力产业升级、内容创新；以"有家的地方有工作"为

图4-24 娱乐化营销方式

重点，助力就业创业、数实共生。"传递快乐"和"有家的地方有工作"作为企业双使命，将社会责任融入作品与服务中，指引企业走向更高远的未来。其二，在于他们将接地气的、家庭场景的、快乐的娱乐内容。两者紧密融合，家庭娱乐就是工作，生活就是工作，工作就是生活，这是很多普通人梦寐以求的事。就像周星驰一样，疯狂小杨哥的这些看似稀松平常、无厘头的短视频内容捕获了普罗大众的心，使他的粉丝超过1亿人。其实，疯狂小杨哥的玩法，第一代互联网人张朝阳、刘强东等人早就玩过。

虽然本节中案例多是B2C行业，但对于B2B行业的运营逻辑是一样的。

在过去，没有互联网，没有大数据，没有平台，没有唯快不破的种种条件，所以"慢工出细活"是一种稳健选择。在今天，正是因为有了这么多数字化和科技手段，"快工出细活"也成为可能。

新质运营模式设计的关键就是一个字：快！

思考：让用户参与产品设计，有人觉得会泄露商业机密。你觉得应该如何兼顾用户参与感与保密的平衡呢？

第五章

构建企业新质核心竞争力

  概括地说,新质生产力是创新起主导作用,摆脱传统经济增长方式、生产力发展路径,具有高科技、高效能、高质量特征,符合新发展理念的先进生产力质态。它由技术革命性突破、生产要素创新性配置、产业深度转型升级而催生,以劳动者、劳动资料、劳动对象及其优化组合的跃升为基本内涵,以全要素生产率大幅提升为核心标志,特点是创新,关键在质优,本质是先进生产力。

——习近平在中共中央政治局第十一次集体学习时的讲话

企业核心竞争力理论主要有两大流派，一是资源说，二是能力说。

资源说。企业核心竞争力是指能够为企业带来比较竞争优势的资源，以及资源的配置与整合方式。

能力说。企业核心竞争力就是企业的决策力，它包括大胆突破、敢于开拓的创新力，把握全局、洞察幽微的判断力，创造场域、吸引客户的文化力。

资源积累是渐进的，而能力是可以突变的。对依靠技术革命性突破、生产要素创新性配置和产业深度转型升级的新质生产力来说，企业核心竞争力突变是可能的。

所以企业新质核心竞争力与传统核心竞争力相比，主要表现在能力突破，而不是资源依赖。这种能力包括新质科技竞争力、新质数据竞争力和新质文化竞争力三大能力，分别对应企业的创新力、判断力和文化力。

第一节
打造新质科技竞争力

案例　上海海隆靠自主研发成绩斐然

2024年3月，海隆"高含硫超深复杂井用高钢级抗硫钻杆开发与应用"项目，荣获第三十五届上海市优秀发明选拔赛获奖金奖。该项目由海隆集团旗下上海海隆石油管材研究所、上海海隆石油钻具有限公司联合申请。"张江国家自主创新示范区杰出创新创业人才"称号获得者、上海海隆石油管材研究所所长欧阳志英是项目的重要推动人。

2007年，欧阳志英博士毕业，到上海海隆石油管材研究所应聘时，研究所刚刚成立不到一年，正处于初创时期，只有三五个科研人员。

目前，海隆已经成为中国最大、世界第二大的钻杆产品和OCTG涂层涂料及服务供货商，其产品等已经出口到俄罗斯、中东等地，展现着中国自主研发的先进技术在海外项目中的影响力。

科技是第一生产力，人才是第一资源，创新是第一动力。企业必须紧紧依靠人才，实施创新驱动，打造企业新质科技竞争力。

那么，该如何打造企业新质科技竞争力呢？

简单来说，就是"科技 × 产业"，即科技赋能产业组织的全系统、产业链的全链路、产业化的全过程。具体分为以下几个步骤。

一、推动企业全员科学素质教育

2021年，国务院印发的《全民科学素质行动规划纲要（2021—2035年）》提出了2025年目标：我国公民具备科学素质的比例超过15%，各地区、各人群科学素质发展不均衡明显改善。

企业践行这个行动规划既是企业公民义务，也是一种现实发展需要。理由很简单，企业的科技创新绝对不只是科技人员的事情，而是企业全员的事情。

首先，企业家要带头学习科技知识，提高科学素质，提升对科技革命和产业变革的预判力。埃隆·马斯克在宾夕法尼亚大学学习的是经济学和物理学。创办企业后，他不断钻研学习电控技术、电池技术、电驱系统技术、高压电气技术、整车系统控制技术等技术知识，终于带领工程师造出了特斯拉智能汽车。中国有位企业家56岁生日当天发布微博宣布学习编程语言 Python，不管能否学成，还是值得称赞的。

其次，企业所有经营人员要学习科技知识，提高科学素质，提升科技成果转化为生产力的能力。即便企业的临时工也要学习科技知识，比如，国内某民企发生爆炸就是因为临时工操作不当造成的。

再次，企业科技人员也要不断更新科技知识，避免跟不上技术迭代的步伐。企业要鼓励科技领军人才参加国家和省市"卓越工程师"培养计划。除此之外，还要鼓励一般技术技能人才积极加入"技能中国行动"；参加多层级、多行业、多工种的劳动和技能竞赛，争当"大国工匠"，建设劳模和工匠人才创新工作室，力争建立国家级技能大师工作室。

企业全员科学素质教育的目的不是让人人都成为技术人员，而是提升科学素养，营造全员科技创新的氛围，不但使人人都成为科技创新的"气氛组"，还可能让外行成为科技内行的"头脑风暴元"。

二、组建科技"魔法师天团"

如果说科技是"魔法"，那么科技工作者就是科技创新的"魔法师"。企业开展科技创新，"魔法师"不能是少数几个人，而是要有一个科技"魔法师天团"组合，在中国可以划分为四个层次：科学家、卓越工程师、大国工匠、其他高技能人才，如图 5-1 所示。

图 5-1　企业科技创新"魔法师天团"

1. 科学家

科学家是指对自然、生命、环境、现象及其性质进行重现与认识、探索与实践,并做出突出贡献、具有杰出成就的科学工作者。

企业科学家就是企业聘用的科学家,是科学家中的重要分支。有来自科研机构的,也有并非来自科研机构而被企业聘用被授予"科学家"称谓的。

企业科学家与科学家还是存着几个关键差异:

(1)**角色与责任**:科学家通常专注于理论和研究工作,依赖个人的知识和天赋。而企业科学家不仅负责科研,还需要将研究成果转化为实际的产品或服务,这涉及技术应用、场景想象和转化能力。

(2)**工作方式**:科学家的工作往往单打独斗,而企业科学家则需要发起项目、组织资源和进行投资,这要求他们具备领导和管理的素质。

(3)**创新精神**:科学家在探索新知识时往往具有冒险精神,而企业科学家在将技术转化为商业应用时,也需要展现出韧性和冒险精神。他们不仅要满足已有的市场需求,还要创造新的需求,这要求他们敢于打破现有的模型和范式。

(4)**社会影响**:科学家的工作通常受到社会的广泛尊重,而企业科学家虽然同样重要,但在某些社会环境中可能不会得到相同的认可。这种偏见可能阻碍科技创新的发展,因此需要社会对企业科学家的作用给予更多的重视和尊重。

总体上来说,企业科学家在科学研究的基础上,还需要具备转化能力、领导力、冒险精神和商业洞察力,他们在企业科技创新和社会经济发展中扮演着不可或缺的角色。

2. 卓越工程师

卓越工程师是指在其专业领域内表现出色、具有创新能力和高超技术的工程师。目前国家设立了"国家工程师奖",分为"国家卓越工程师"和"国家卓越工程师团队"两类称号。一些省市还设立了"卓越工程师奖"。同时，教育部通过全国几百家高校实施了卓越工程师教育培养计划。

国家卓越工程师是党和国家功勋荣誉表彰工作委员会办公室设立的表彰，其宗旨是为表彰工程技术领域先进典型，激发引领广大工程技术人才埋头苦干、勇毅前行，为全面建设社会主义现代化国家、全面推进中华民族伟大复兴做出新的更大贡献。2024年1月19日，"国家工程师奖"表彰大会在人民大会堂举行，81名个人被授予"国家卓越工程师"称号并获颁奖章和证书。

3. 大国工匠

"大国工匠"是指有5年以上一线生产现场工作经历，长期践行执着专注、精益求精、一丝不苟、追求卓越的工匠精神，具有突出技术技能素质等基本条件，在引领力、实践力、创新力、攻关力、传承力方面显现明显发展潜力的工匠。

2024年，中华全国总工会印发《大国工匠人才培育工程实施办法（试行）》，提出计划每年培育200名左右大国工匠，示范引导各地、各行业每年积极支持培养1000名左右省部级工匠、5000名左右市级工匠。大国工匠培育期一般为两年，期满后由中华全国总工会向完成培育任务并评价合格的入选对象颁发大国工匠证书。

目前，我国工程师规模达2000余万人，难以满足制造强国建设要求。工程师占劳动力比重为2.4%，相较欧美偏低；制造业中工程师占比仅为3.6%，低于德国乃至欧盟水平；从工程师供给趋势看，我国先导产业的工程师供给严重不足。

从某种意义上讲，企业发展新质生产力，搞科技创新，一方面要争抢"卓越工程师"、孵化"大国工匠"，另一方面要创造"卓越工程师"和"大国工匠"培养的条件和脱颖而出的环境。

从享受"人口红利"到享受"工程师红利",中国企业还有一段很长的路要走。

4. 其他高技能人才

其他高技能人才主要指基层和中层科技人才,还包括科技经纪人。严格意义上讲,很多科技经纪人并非科技人才,但他们是科技成果转化的"小蜜蜂",后面在科技成果转化部分里我会详细讲述。

三、建设企业科技创新生态圈

企业科技创新的朋友圈有七个环,环环相扣,共同组成企业科技创新生态圈,如图5-2所示。

图5-2 企业科技创新七环生态圈

1. 企业创新平台——企

工欲善其事,必先利其器。企业要成立诸如研究所、研究院、集团研究院等科技创新机构,这样名正言顺地吸引科技创新人员,对口对接其他创新平台。

试想,如果当年海隆没有研究所,像欧阳志英这样的博士研发工程师会进入海隆吗?

2. 政府——政

无论是在中国还是在国外,政府或军事科技单位都是企业科技创新生态圈的重要成员。

在中国,政府圈包括科技部、科技厅、科技局,工信部、工信厅、工信局,以及行业所属的部厅局,比如涉农企业对应农业农村部等,商业企业对应商务部等。还有军事科研单位,以及军民合作机构。

国家制造业创新中心、产业创新中心、国家工程研究中心等制造业领域国家级科技创新平台也在政府的管辖之内。

除了与上述机构合作外,大中企业要积极向有关部门申报科技领军企业,中小企业要申报"专精特新"和"小巨人",还要积极参加科技部主办的全国科技大赛等。

3. 产业创新平台——产

一般来说,产业创新平台就是产业创新联盟,是一种虚拟研发平台。比如,华为与上下游企业形成研发应用联盟。企业尤其是要与央企、国企合作,以获得优质的科技创新资源。

4. 大学——学

大学分为研究型大学、研究教学型大学、教学研究型大学、教学型大学、应用型大学、高等专科学校等几类。一般来说,企业科研要与研究型大学和应用型大学相结合。

5. 科研院所——研

科研院所,是对实施科研、科学研究的研究院和研究所的统称,包括各科研类研究院、研究所。分为国家事业单位的研究院、研究所,以及民营的科研院所,各有擅长和优势,企业可以根据科研创新需要选择合作。

需要指出的是,大学和科研院所科技成果转化通常有"三不转"——"不想转""不敢转"和"缺钱转"。而企业科技创新有"三不创"——"不想创""不敢创"和"缺钱创"。如果两者对接擦出"爱的火花",再对接风险投资,使之产业化,就可能产生"爱的结晶"。

6. 创投研究平台——投

从严格意义讲,创投研究平台并非研发机构,而是科技创新投资研究机构。之所以将它划在企业科技创新生态圈,是因为创投研究平台是从商业价值端看科技创新，经常发布科技研究报告，具有很强的导向作用。因此，企业科技创新要加强与创投研究平台的合作。

7. 科技服务圈——服

除此之外，企业还要加强与科技智库、科技咨询企业和科技服务企业等的合作。虽然，这些企业被民间称为"皮包公司"，甚至还曾出现过坑蒙拐骗的现象，但是，专业人做专业事，他们日益成为中国科技创新战场一支不容忽视的重要力量。

企业以自己为主体，与政府、产业联盟、高校、科研院所、创投机构和科技服务机构等共建研发机构或者研发联盟，加大研发投入，提高科技成果落地转化率。

制造业企业还要重点与国家制造业创新中心、产业创新中心、国家工程研究中心、其他平台等制造业领域国家级科技创新平台合作，加入面向传统制造业重点领域而开展的关键共性技术研究和产业化应用示范体系，应用科技成果信息发布和共享平台，纳入先进技术转化应用目录，共同建设技术集成、熟化和工程化的中试和应用验证平台。制造业领域国家级科技创新平台如图5-3所示。

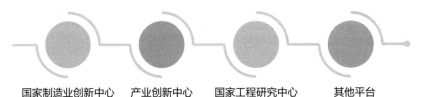

图5-3 制造业领域国家级科技创新平台

四、打造基于科技IP的科技竞争力

科技研发到产业化并非一蹴而就，而是有一段崎岖不平的路程，这段路程被称为"死亡之谷"。企业需要向死而生跨越它，成为最终的赢家。

如何跨越"死亡之谷"呢？

把大象放进冰箱是一个脑筋急转弯问题，很多人会往更深奥的方向去考虑，比如大象的体积、冰箱的装置。其实就三步：第一步，打开冰箱门；第二步，把大象装进去；第三步，关好冰箱门。

企业跨越"死亡之谷"总共也只需要三步：第一步，打开冰箱门——取得科技成果，拿到相关权利证书；第二步，把大象装进去——推动科技转化，变成现实生产力；第三步，关好冰箱门——确立科技IP思维，推动技术升级和产品迭代，实现与用户客户的长期连接。

1. 取得科技成果

检验企业拥有科技竞争力的显性标准是企业成为专利密集型企业。什么是专利密集型企业呢？是指发明专利密集度、专利产业规模等达到一定标准，主要依靠科技知识产权参与市场竞争的企业。专利密集型企业主要有三个检验指标，分别是专利密集度、专利产业化度，以及专利密集型产品占比。

华为凭什么能扛住美国制裁？因为华为始终保持对科技研发的强力投入，通过技术创新来构筑企业竞争力。2021—2023年的研发投入占公司收入均超20%。欧盟发布的《2023年工业研发投资记分牌》显示，华为的研发投入位居全球第五名。另据世界知识产权组织发布数据显示，2023年华为的专利申请量位居全球第一。其中，华为的5G标准必要专利数量超过了9000项，位列全球第一。

数据显示，2022年，专利密集型产业增加值首次突破15万亿元，占国内生产总值的比重达12.7%，近5年年均增速达9.4%。国务院办公厅印发的《专利转化运用专项行动方案（2023—2025年）》提出，到2025年，推动一批高价值专利实现产业化，备案认定的专利密集型产品产值超万亿元。

所以，企业要努力成为专利密集型企业，以密集的专利来锻造企业的"金钟罩""铁布衫""软猬甲"和"防弹衣"。

专利密集型企业的"专利"是一种笼统说法，它包括但不限于"专利"，具体包括发明、实用新型、外观设计；商业秘密；集成电路布图设计；植物新品种；计算机软件著作权；其他科技知识产权六大类。

企业取得科技成果的显性标志是拿到科技知识产权的相关权利证书，企业应根据不同类别申请不同的知识产权证书。

2. 推动科技转化

除了科技工作者外，专业的科技转化工作还需要三种人：领头雁（创新型企业家）、小蜜蜂（科技经纪人）、绿叶（具有创新思维的配套性人才）。

（1）**领头雁——创新型企业家**。知名海归科学家、南方科技大学创新创业学院院长刘科认为，创知的主体是科学家，而创新创业的主体不是科学家，是企业家。只有企业家能够把政、产、学、研连接起来，形成创新社会。一个社会只有充分尊重企业家，才能产生巨大的经济总量，继而产生税收、解决就业。一个社会只有企业家成为民族英雄，这个社会才能良性发展。所以科技转化工作的领头雁一定是企业家。

（2）**小蜜蜂——科技经纪人**。科技经纪人是科技成果转化的小蜜蜂。科技经纪人分为两类，一类是科技经纪公司里专门从事大学及科研机构和企业对接，促进科技成果转化的经纪人；一类是企业里专门对接大学、科研机构和拥有科技成果的人，从而促进科技成果在企业落地的人，也可以形象地称为"科技买手"。

为了企业便于企业操作，这里提供一份企业内部科技经纪人职位描述。

岗位职责：

1. 开展重点产业链研究工作，从国内国际、省内行业进行深度研究，重点调研行业头部企业，形成产业链研究报告。

2. 负责对接高校及科研院所开展科技成果转化工作，包括对接高校及科研院所、项目筛选、科技成果梳理、撮合高校老师和企业进行技术需求对接、项目洽谈、项目选址、项目签约，乃至协助高校老师及科研院所与企业合资企业等科技成果转化全链条工作。

3. 对接其他拥有科技成果的人，促进企业与之合作合资，或者买进科技成果。

4. 其他科技成果转化相关工作。

岗位任职要求：

1. 具有技术研发、产业研究、科创服务、科技成果转化项目经验，专职从业经历不少于 2 年；或具有科技类 VC、天使、种子等早期股权投资经验，或具有科技产业基金、FA 项目经验，专职从业经历不少于 2 年。

2. 熟悉科技服务、科技项目管理、招商运营、市场拓展等相关工作者优先。

（3）绿叶——具有创新思维的配套型人才。具有创新思维的配套型人才包括管理人才、运营人才、服务人才等。

3. 确立的科技 IP 思维，推动技术升级和产品迭代

很多人把这一步与第二步合并，也是可以的。但我把这一步分开讲是因为它非常重要。

一些企业"一招鲜，吃遍天"，不注重推动技术升级和产品迭代，最终失去用户和客户。一些企业用所谓的品牌大师的招数，将科技成果"兑水"，肆意搞品牌包装，将"浓酒"调成"淡酒"，结果是自己搬石头砸了自己的脚，这种教训屡见不鲜。

某科技公司举办健康讲座，推荐老人购买一款生命科技小分子茶，

讲课人举了很多例子，表明这款产品具有降血糖的功效，有望冲击诺贝尔奖，结果遭到消费者投诉。港股某科技公司的陶瓷产品也曾遭到一些博主的质疑。诸如此类打着高科技名号忽悠消费者的事还有不少。从"包治百病"的"量子"医疗器械，到可"修复皮肤松弛"的"石墨烯"保暖衣，从预防近视"神器"防蓝光产品，到"可降糖70%"的"脱糖电饭锅"，个个科技范十足，听着神乎其神，但都经不起推敲。

在新质生产力时代，用户的科学知识素养在提高，用夸大的科技宣传或者过度的品牌包装等收"智商税"的方式已经失去生存土壤。从某种意义上讲，用户愿意为高科技产品买单的本质是愿意为科技知识产权付费，就像支付"专利使用费"一样。

所以，企业发展新质生产力就需要从传统的品牌包装思维升级到科技IP思维，实施科技创新，用科技赋能品牌，提高品牌的"含金量"和"含绿量"，从向客户收"智商税"升级为收"专利使用费"。

总之，企业通过推动全员科学素质教育，组建科技"魔法师天团"，建设科技创新生态圈，进行艰苦卓绝的研发，取得科技成果，推动科技转化，最后以正确的科技IP思维，推动技术升级、产品迭代，促进产业焕新，实现与用户客户的长期连接。

思考：你遭遇过企业将低端产品包装成高科技产品的案例吗？如果遇到这种情况，你该如何应对呢？

第二节
打造新质数据竞争力

> **案例** 企业以"数据知识产权质押融资"获得授信5000万元

"我的企业是做非遗草编帽的,你知道整个企业最值钱的是什么吗?不是厂房,不是机器,是数据!"温岭草编省级非遗传承人、浙江舜浦工艺美术品股份公司总经理陈君标说,不久前,他刚靠一张"浙江省数据知识产权登记证书"申请到了当地金融机构的5000万元授信。(资料来源:中央电视台国际在线,2024年1月14日。)

数据的重要性是毋庸置疑的。专家们常常把它比作数字经济发展的"石油",讨论的是宏观和中观经济。而我从企业微观角度出发,把数据比作"神经系统和血液"。因为如果神经系统紊乱,人就会反应迟钝;如果贫血,人就会不健康;如果血液流干,人就会死亡。同时,数据还将帮助企业"开天眼""长智慧""做变现""增资产",如图5-4所示。

图5-4 企业数据四大功能

从某种意义上讲,数据是创新的加油站,是经营的最关键要素,将决定着新质生产力的"高质量"和"高效能"。

那么如何打造新质数据竞争力,构建企业核心竞争力呢?

打造新质数据竞争力,无非从人和事两方面入手。人的方面,需要设立首席数据官。事的方面,需要实施四大行动,分别是数字化转型、数据治理与安全管理、数据驱动决策、数据资产化与运营。

一、设立首席数据官

从信息化到数字化,一些企业分别设立过首席信息官(CIO)和首席技术官(CTO)。现在企业里又出现了首席数据官(CDO)。

首席信息官更偏重 IT 资源的整体规划,从而推进企业的信息化;首席技术官更多会关注技术层面的具体运用与趋势把握,重在产品研发、技术实施等;首席数据官则通过提升数据治理能力,充分发掘内部数据驱动需求,实现数据业务增值,重点推进数字化驱动商业模式变革。因此,从首席信息官、首席技术官到首席数据官,不仅是名称上的变化,更是职能的扩展与跃迁。在新质生产力时代,首席数据官的角色重要性将逐步提升,其将成为大型企业、公共部门等各类组织的标配。

美国第一资本公司在 2002 年最先设立了首席数据官的岗位。之后,雅虎公司在 2004 年也设置了首席数据官,主要负责雅虎公司的整体数据战略,构建数据系统以及管理公司数据分析和数据基础设施等工作。阿里巴巴也在 2014 年就设置了首席数据官岗位。

不仅在企业界,政府部门也纷纷设立首席数据官,致力于公共数据授权运营,例如广东、北京、辽宁、广西、四川、安徽、河南等省市自治区也先后推行首席数据官制度,着力构建首席数据官组织体系、数字政府建设制度体系、数据资源共享开放体系和数据智能创新应用体系,纵深推进数据共享和开发利用工作,强化数据驱动战略导向,推动组织架构、管理流程和业务模式创新。

工信部发布的《"十四五"大数据产业发展规划》,提出了"推广首席数据官,强化数据驱动的战略导向"。只有首席数据官的设立,才能将"数据驱动决策"的理念贯彻始终,才能在更高层面统筹推动数字化转型。

普华永道于 2023 年 3 月 27 日发布的第二期《全球首席数据官调研》显示,目前,27% 的领先企业已聘用首席数据官。从地区来看,报告显示,首席数据官在欧洲企业中的渗透率(42%)超过北美企业(38%)。从行业来看,每个行业的首席数据官数量都在增加。金融服务业的首席数据官数量仍然保持领先,超过半数的银行和保险企业也已经任命首席数据官,占全球首席数据官总量的22%。

其实,国内有一些企业是用首席信息官、首席技术官或者其他职位来领导数据工作的,国外也有企业用其他职位来领导数据工作。

我的建议是,中小企业和创业企业老板要亲自担任首席数据官;大中型企业还是要设立专门的首席数据官,毕竟名正才能言顺,言顺才能把事做好,尤其是数据这种比天还大的事。

首席数据官的工作有哪些呢?并没有统一标准,主要有推动数字化转型、数据治理与安全管理、数据驱动决策、数据资产化与运营四大工作或四大行动。

二、实施四大行动

数字化转型、数据治理与安全管理、数据驱动决策、数据资产化与运营四大行动中,数字化转型是基础性工作,是数据源头端,需要举全公司之力去践行,如图5-5所示。数据资产化与运营是关键性工作,是数据产出端,是增强企业数据竞争力的"撒手锏"工作。所以,企业要重点关注这两大行动。

图5-5 打造企业新质数据竞争力四大行动能力

1. 数字化转型

数字化转型是在业务数据化后利用人工智能、大数据、云计算、区块链、5G等新一代信息技术,通过数据整合,通过对组织、业务、市场、产品开发、供应链、制造等经济要素进行全方位变革,实现提升效率、控制风险,提升产品和服务的竞争力,形成物理世界与数字世界并在的局面。

数字化转型包括"互联网+""人工智能+"和"数据+"三个层次,如图5-6所示。

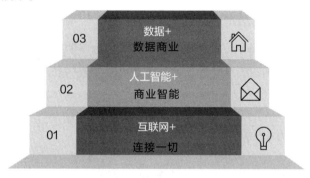

图5-6 数字化转型的三个层次

(1)"**互联网+**"。"互联网+"的核心是连接一切,连接一切人、事、物。重点是三个层次:其一是用户关系链,包括用户的连接、拉新、激活、留存、清洗、挖掘、画像、关系链图谱等,实现对用户的数字化和精准锁定;其二是企业内外关系链,即企业内部关系链、供应关系链和社会关系链,包括企业内外部关系的连接、拉新、激活、留存、清洗、挖掘、画像、关系链图谱等,实现经营链、供应链、产业链的数字化和体系化;其三是"线上线下双轮驱动,云端实体深度融合",实现消费互联网、产业互联网、工业互联网的并联并行。

(2)"**人工智能+**"。"人工智能+"的核心是实现商业智能。从经营过程来说,包括智能辅助决策、智能流程控制和过程管理;从经营功能模块来说,包括智能办公、智能导购、智能交易、智能客服、智能物流、智能供应链、智能关系维护等一切经营功能模块。

(3)"数据+"。"数据+"的核心是实现数据商业。通过推进数据资源、数据业务和传统业务的良性互动,实现云端赋能、数据智能和数据链增值,催生新产品、新业务、新业态、新产业、新商业模式,引爆新的经济增长点。

2024年1月4日,国家数据局等17部门联合印发《"数据要素×"三年行动计划(2024—2026年)》,选取工业制造、现代农业、商贸流通、交通运输、金融服务、科技创新、文化旅游、医疗健康、应急管理、气象服务、城市治理、绿色低碳12个行业和领域,推动发挥数据要素乘数效应,释放数据要素价值。目标到2026年年底,数据要素应用广度和深度大幅拓展,在经济发展领域数据要素乘数效应得到显现,打造300个以上示范性强、显示度高、带动性广的典型应用场景,涌现出一批成效明显的数据要素应用示范地区,培育一批创新能力强、成长性好的数据商和第三方专业服务机构。

所以,企业数字化转型的目的就是要构建以数据为关键要素的数字商业,推动实施企业大数据战略,加快完善数字基础设施,推进数据资源整合开放共享,保障数据安全,对内加快建设数字企业,对外构建以企业为相对中心的数字经济体。

2015年,中国政府推动"互联网+",经过多年努力,基本实现了企业的互联网化。2024年,中国政府推动"人工智能+",将开启中国商业智能新时代。中国企业普遍实现"数据+"还要假以时日,但这一天不会太远,因为"互联网+"和"人工智能+"是"数据+"的基础。作为企业,需要早做打算,现在、立刻、马上探索"数据+"可能才是一种睿智的选择。

2. 数据资产化与运营

数据资产化的前提是数据确权。近年来，数据产权问题备受关注，在理论界已经形成了一般财产说、知识产权说、商业秘密说、公共物品说等不同学说，实务界也对数据所有权的归属问题展开了激烈讨论，长期以来未达成共识。

（1）**数据确权**。2021年，上海、深圳、浙江在全国率先开启探索建立数据知识产权制度试点，截至2024年3月，试点范围已扩大到包括北京、江苏、福建、山东、广东、天津在内的九个地方。

2022年11月，深圳上线全国首个"数据知识产权登记系统"。该系统为经过一定规则处理的、具有商业价值的非公开数据提供数据知识产权登记服务，并向提出登记申请的数据处理者颁发数据知识产权登记证书。深圳市数据知识产权登记流程为"数据存证—登记申请—材料审核—公示—发放证书"五个步骤。对于已发放的数据知识产权登记证书，可以在数据知识产权登记系统查询到相关信息。

2022年12月印发的《中共中央 国务院关于构建数据基础制度更好发挥数据要素作用的意见》创造性地提出资源持有权、加工使用权和产品经营权"三权分置"的中国特色数据产权制度框架，并强调研究数据产权登记新方式，使得数据确权和数据资产化进入操作阶段。由此，数据知识产权（数据IP）成为知识产权家族的重要一员，成为数据资产化的重要依据。

企业需要区分的是，数据和数据知识产权是两个概念。数据是事实或观察的结果，是对客观事物的逻辑归纳，是用于表示客观事物的未经加工的原始素材。数据可以是连续的值，比如声音、图像，称为模拟数据；也可以是离散的，如符号、文字，称为数字数据。数据本身并不受《中华人民共和国知识产权法》保护。比如，用户上传至平台的性别、年龄、电话号码等个人隐私信息，平台并不享有知识产权。

数据知识产权是指对客观事物的采集、归纳、代码组合、算力算法模型等人类智力创造的素材，只要数据控制者付出足够劳动，形成有价值的智力成果，体现人类的创新活动，未来便有可能受到知识产权的保护。

数据知识产权的保护对象应符合三个条件，即"依法依规获取""经过一定规则处理""具有实用价值"的数据集合；赋权方式为登记确权，由数据处理者提出登记申请，知识产权管理部门进行要件审查，确定是否予以登记；数据权利人拥有对所登记数据的持有、使用、交易和收益等权利，同时可规制他人以不正当方式获取和使用数据。数据知识产权登记证书可作为数据的权属证明。比如，浙江舜浦工艺美术品股份公司获得的"浙江省数据知识产权登记证书"就是数据的权属证明。

（2）**数据资产入表**。2023年8月，财政部发布了《企业数据资源相关会计处理暂行规定》，充分释放了数据资产的价值属性，为企业价值发现提供新的可能性。

2024年1月1日施行《企业数据资源相关会计处理暂行规定》后，数据资产入表将成为中国企业的经营常规。

数据资产入表是数据资产化进入实质操作阶段，对于企业至少有五大价值。

一是引导企业确立数据资产思维。数据资产入表将引导企业高度重视数据资产的开发、使用和价值挖掘，同时也将推动企业加快数据合规体系建设，建立独立的数据管理部门和数据合规部门。

二是将引导企业加大数据研发投入，催生数据交易需求。数据资产入表后，数据资产既可以作为无形资产，也可以商品化、交易化。引导企业加大数据采集、加工、研发的投入力度，催生大量的数据交易需求。

三是重塑企业估值体系。数据平台型企业、数据资源型企业和数据驱动型企业的数据资产价值将得以显现和重估，全面提升企业估值。重视数据的程度和数据资产的多少将拉开企业之间的估值。

四是数据资产金融化将全面提速。数据资产质押、数据资产入股、数据资产信贷、数据资产信托和数据资产证券化等业务，都将借助数据资产的金融化和资本化，实现蓬勃发展。

五是重视数据安全工作。既然数据资产化了，就会滋生数据小偷和"数据刺客"。数据小偷偷数据就等于偷企业资产，"数据刺客"还可能让一个企业陷入灭顶之灾。所以，企业必将重视数据安全工作。

综上所述，评估企业新质数据竞争力需要从数字化转型能力、数据治理与安全管理能力、数据驱动决策能力、数据资产化与运营能力四个方面来评估。数字化转型能力决定着企业数据获取能力，数据治理与安全管理能力决定着企业数据防护能力，数据驱动决策能力决定着企业的洞察力、科学决策能力和经营能力，数据资产化与运营能力决定着企业数据的变现力，它们共同锻造了企业新质数据竞争力。

睿智的企业家需要做的就一件事，那就是登台拜将——配置好专业的首席数据官，让他带领全公司在数据商业的版图上打下大大的疆土！

思考： 如果你有企业，企业中的哪些数据可以获得数据知识产权登记证书呢？如果你想创业，项目中的哪些数据可以获得数据知识产权登记证书呢？

第三节
打造新质文化竞争力

> **案例** 雷军自黑获好评

雷军在印度的一次小米手机发布会上,误把"Are you OK"的意思理解为"你们好吗",其实这句话的中文意思是"你没事吧"。雷军令人啼笑皆非的中式英语发音,被好事网友制作成鬼畜作品广为流传,但雷军本人对此却丝毫不在意。不久,小米就真的发布了印有"Are you OK"的手机壳,雷军也因此赢得了一片好评。除此外,小米慎重地将英文缩写"AUOK"注册成了独有的商标。不管成功与否,都是一个很好的故事,具有病毒式传播基因,在提交注册的那一周时间内,该新闻一直处在热搜榜单上。

文化是民族的根和魂,企业文化是企业的根和魂。

企业文化绝不能只是简单的理念口号,而是企业核心竞争力要素。企业文化竞争力的着力点在于吸引人、连接人和凝聚人。企业要想吸引人、连接人、凝聚人,就必须推动企业家、组织和产品人格化,变成企业文化 IP。

新质企业要善于借助时代宏大叙事顺势而为,借助企业原力和文化原型,用企业家 IP、组织 IP 和产品 IP 三种企业文化 IP 吸引用户和客户,打造"企业家—企业—产品"三位一体的新质文化竞争力。

一、打造企业三体文明

三体是天体力学名词,指的是由三颗质量相似的恒星及其相互引力作用组成的力学关系。

在科幻小说《三体》中，以4.3光年外的半人马座α星为原型的三颗恒星——A星、B星和C星做着混乱的运动，使同时是它们三颗恒星的行星三体星经历乱纪元与恒纪元无序交替，孕育出经历一次次毁灭与重生的三体文明。

若拿小说《三体》来类比，现实世界的企业也是一个三体文明，甚至也经历一次次"毁灭"与"重生"。企业也有三颗恒星：

A星——第一人格魅力体，企业家IP。

B星——第二人格魅力体，组织IP。

C星——第三人格魅力体，产品IP。

企业文化IP这种企业人格魅力体，包括企业家IP、组织IP和产品IP，分别对应企业的第一人格魅力体、第二人格魅力体和第三人格魅力体。企业家IP、组织IP和产品IP就是企业文化IP的三要素。我把它称为"企业文化IP三体论"，可以帮助大家更快地把握企业文化IP的外延。

整个企业文化IP要素都旨在打造以企业文化为中心的企业场域，它包括以企业家IP为中心的企业家场域、以组织IP为中心的组织场域、以产品IP为中心的产品场域。关于场域，我的另一本书《引爆三力：新质核心竞争力方法论》中会详细讲到。通俗地说，企业场域就是气场、心理场或者能量场，包括企业家场域、组织场域和产品场域，对企业家来说就是企业家气场，对组织和产品来说就是组织或产品营造的心理场或能量场。

麦金塔软件工程师安迪·赫茨菲尔德在《苹果往事》一书中使用"现实扭曲场"来描述乔布斯如何结合口若悬河的表述、过人的意志力、扭曲事实以达到目标的迫切愿望，从而形成控制现场的能力。这种能力让乔布斯能够改变周围人群的思维，颠覆业界观念，创造出改变生活方式的产品。赫茨菲尔德讲的"现实扭曲场"就是乔布斯营造的企业家场域。

二、企业文化 IP 内容的三大板块

企业文化 IP 内容有哪些呢？企业文化 IP 内容有三大板块：符号系统、故事链和精神内涵，分别解决受众第一印象、"持续追剧"和心理共鸣三个方面的问题。

从受众认知顺序上讲，第一是符号系统，第二是故事链，第三是精神内涵。从企业自身修炼和受众心灵共鸣方面讲，第一是精神内涵，第二是故事链，第三是符号系统。

（1）**符号系统对应 IP 的"形"**。IP 一定要符号化，形成一套完整的符号系统。打造符号系统的目标是打造超级符号。符号系统要做到"五化"：标准化、具象化、内涵化、差异化和个性化，它使 IP 变得"具象化"和有独特性，这样才具有强烈的可识别性。因此，符号化的唯一目的是可识别和占据用户心智。

比如，耐克的主要符号是对钩标志，它是刀形的弯钩，造型简洁有力，急如闪电，象征着希腊胜利女神尼姬（NIKE）翅膀的羽毛，代表着速度，也代表着动感和轻柔。一看就让人想到使用耐克体育用品后所产生的速度和爆发力。

（2）**故事链对应 IP 的内容，是 IP 的"血肉"**。IP 一定要用讲故事的方式来做内容，形成一套完整的内容链，做到"有血有肉"。

比如，耐克每一款产品都有英雄的故事。其产品开发一般都与英雄球员相连，从致敬科比·布莱恩特，到致敬朱利叶斯·欧文，从致敬拉希德·华莱士，到致敬科怀·伦纳德等，当然还有更早的迈克尔·乔丹。

（3）**精神内涵对应 IP 的灵魂**。没有灵魂的 IP 就是行尸走肉，失去了生命力。IP 的精神内涵需要从历史中寻根，从文化中溯源，从哲学中思辨，乃至从宗教中寻找愿力。IP 的精神内涵最后一定会传递世界观、价值观和人生观，只不过这种"三观"需要引导用户悟道和参透，而不

是直白地说教。

比如，耐克IP的精神内涵就是"胜利"，它是通过传播希腊胜利女神尼姬的羽毛符号和英雄球员代言人来引导用户悟道的。

IP必须是具象化、有温度、有态度的人格魅力体。

符号系统解决"具象化"，是"画符"；故事链解决"有温度"，是"念咒"；精神内涵解决"有态度"，是"通灵"。

我讲的企业文化IP与市面上流行的IP理论最大的不同之处有两点：第一，特别强调企业文化IP的知识产权属性，没有知识产权属性绝对不可以称为IP。第二，特别强调企业文化IP的文化属性。企业文化IP打造了企业的独特个性，成为企业文化的重要板块，构筑了独具魅力的文化场域，从而形成企业的核心竞争力。

三、如何打造企业文化IP

如何打造企业文化IP呢？需要借助时代宏大叙事、企业原力文化原型和12神话原型。

1. 借助时代宏大叙事

企业文化IP打造要因势利导，顺势而为。如何因势利导，顺势而为呢？就是要融入时代宏大叙事。

比如，被称为"拜苹果教"的苹果粉丝社群，基本主要存在于乔布斯执掌苹果公司时期的美国的"Y世代"年轻人之中。"Y世代"的范围争议较大，有的说是指1974—1980年出生的美国人，有的说是指1976—2000年出生的美国人。但不管是哪一种，都是指美国青少年族群，他们是放弃了寻找的一代，是所谓"clueless"（没有任何头绪）的一代。"Y"让人联想到不断地追问"Why"（为什么），因为他们不能理解这世界上发生的任何事情，在他们看来，这个世界真正是没有意义的世界。而乔布斯和苹果给了他们意义,包括但不限于"改变世界""think different 非同凡想""追随自己的内心"等。

乔布斯和苹果公司顺应了时代大势,给了一代美国人"意义",打造了乔布斯企业家 IP、"拜苹果教"组织 IP、"敢于向上帝说不"的"被咬了一口的苹果"的产品 IP。

今天,中国的企业家和企业该如何融入"百年未有之大变局"的宏大叙事呢?

"百年未有之大变局"是伴随着巨大的社会变革和科技革命及产业变革而来的,所以它们理应成为时代宏大叙事的焦点。

(1) **社会变革**。从全球来看,基本可以说已经进入世界经济危机时期,到了打造"人类命运共同体"与"反全球化"及"贸易保护主义"互搏阶段。

新冠病毒、X 病毒、蝗灾等这些全人类的灾难也会对全球产生巨大影响。受经济和政治因素的影响,全球各种思潮将处于巨大的动荡和激烈的碰撞之中。

从国内来看,中国到了铸牢中华民族共同体意识,实现中国式现代化和中华民族伟大复兴的新时代。

2024 年是中华人民共和国成立 75 周年,是实现"十四五"规划目标任务的关键一年,更是新质生产力元年。从中国主旋律来说,未来 30 年的主题将一直是"中国式现代化"和"中华民族伟大复兴"。

从区域发展重点来说,京津冀协同发展、长江经济带发展、粤港澳大湾区建设、长三角一体化发展、黄河流域生态保护和高质量发展,以及海南全面深化改革开放,是六大区域国家战略。

从经济发展的总基调来说,中国经济将在相当长的时间处于由高速增长阶段转向高质量发展阶段,将实现"中国制造向中国创造转变、中国速度向中国质量转变、中国产品向中国品牌转变"。

（2）**科技革命及产业变革**。进入 21 世纪以来，全球科技创新进入空前密集活跃的时期，新一轮科技革命和产业变革正在重构全球创新版图、重塑全球经济结构。

国内在相当长的时期里将重点发展以新兴产业和未来产业为重点的新质生产力。加快以数字智能技术、绿色低碳技术改造提升传统产业，发展壮大新一代信息、生物制造、新能源、新材料、航空航天等战略性新兴产业，培育形成人工智能、量子技术、生命科学等未来产业，将成为科技革命和产业变革的主旋律。

四海翻腾云水怒，五洲震荡风雷激。

丘吉尔说："不要浪费一场好危机。""百年未有之大变局"对企业带来了前所未有的不确定性和挑战，也为企业提供了前所未有的机会！时势造英雄，时势也将造就伟大的企业家和伟大的企业！

在未来 30 年里，企业融入时代宏大叙事，就是站在人类命运共同体、中国式现代化和中华民族伟大复兴的层面，对准"人类命运共同体""中国式现代化和中华民族伟大复兴""科技革命"和"产业变革"四大时代宏大叙事焦点，打造企业文化 IP 优质内容，以吸引用户和客户，促进企业新质生产力发展。

周鸿祎呼吁中国企业家要全力投入人工智能（All in AI），一方面彰显了他作为企业家的社会责任感，另一方面就是用科技革命和产业变革的时代宏大叙事打造 360 集团的企业文化 IP，为 360 集团的转型升级打造高势能和文化场域。

2. 借助原力原型

打造企业文化 IP 的睿智选择是从 1 到 N，而不是从 0 到 1。

所谓从 0 到 1，就是 100% 原创——创造一个世界上从来没有的、大家从来都没有见过的东西。这往往会造成 IP 很难进入大家的心智而响应者寡的结果。

所谓从 1 到 N，就是从自己已经有或者可以掌控的，并且大家可以认可的 1 出发，在 1 的基础上进行二次创造，从而实现跃迁式发展。

一般来说，企业文化 IP 可以从三种基础开始：企业原力、文化原型和 12 神话原型。

（1）**企业原力**。原力（The Force）是《星球大战》系列作品中的核心概念，是一种超自然的而又无处不在的神秘力量，也是绝地武士和西斯尊主两方追求和依靠的关键所在。

"企业原力"是我提出的一种形象说法，是指一个企业家、一个企业的最原始的、最本源的、最本能的、最独特的基因或者力量。它主要来自两个方面。

第一是企业或企业家最原始、最本源的符号系统。

对企业家来说，包括姓氏、名字、外表长相等。西贝创始人贾国龙用自己的姓氏"贾"的拆字"西贝"作为西贝莜面村的店名，用妻子张丽平的姓氏"张"的拆字"弓长张"作为"弓长张国民食堂"的店名，不管未来如何，但是用企业家最原始、最独特的姓氏打造独特的企业文化 IP 符号系统还是可圈可点的。

对企业来说，包括公司名字、品牌名字、产品名字、公司大楼造型、公司所处区域位置、公司 LOGO 等。纳爱斯集团旗下有一个日化品牌雕牌，已经有 30 几年的历史，是一个老牌子，为了吸引年轻一代消费者购买雕牌，便想到了让品牌来一个从头到脚的焕新，包括品牌形象、品牌理念和价值观等。最后经过反复研讨，集团在老牌子"雕"上下功夫，推出了一个全新的品牌网红——"雕兄"卡通形象，并选择在微博等社交平台上拍视频、讲故事。这只在外表和性格塑造上都有些呆萌的"雕兄"便成了雕牌的形象代言人。

第二是企业或企业家最独特的故事性。一个企业家或企业本来就有的故事、特点、亮点、闪光点、引爆点、不同点、优点、缺点、弱点等。

（2）**文化原型**。所谓文化原型是指直接采用"拿来主义"，用大家耳熟能详的文化母体或者经典文学中的经典 IP 来打造企业文化 IP，因为经典 IP 能够唤醒集体记忆和集体潜意识。它的方法有两种。

第一是公版 IP 私有转化。从文化母体中寻找超级 IP，或者找到经典文学 IP，完成"私有转化"，然后持续打造，最后会形成超级文化 IP。

"私有转化"的方式主要包括将公版 IP 注册商标、将公版 IP 重新设计注册版权等方式。

阿里巴巴将阿里巴巴民间故事中的主人公阿里巴巴注册成商标，华为注册《山海经》神兽商标，都属于将公版 IP 注册商标。迪士尼将花木兰的形象重新设计成独特模样并注册版权，则属于将公版 IP 重新设计注册版权。

第二是经典 IP 改版或新编。利用经典 IP 自带集体记忆的优点，进行改版或者新编，构建新的文化 IP。

星巴克的 IP 是什么？是美人鱼。美人鱼的原型是希腊神话中的海妖塞壬，能唤醒大家的集体记忆。星巴克在海妖塞壬的基础上，几经"改版"，从海妖形象变为今天这种端庄的美人鱼形象。

《七龙珠》讲述了孙悟空及其他角色在寻找七龙珠、战斗和冒险的过程中，经历各种挑战和成长的故事。其实这跟中国文学名著《西游记》本身没有多大关联。它的成功有诸多因素，但用孙悟空这个经典 IP 进行故事新编、借助人们的集体记忆引爆是一个关键点。

（3）**12 神话原型**。当企业想用原创方式打造企业文化 IP 时，就必须考虑企业文化 IP 的人格化问题，而人格化最好的原型模板就是荣格推崇的 12 神话原型，这样就可能唤醒大家的集体记忆和集体潜意识。其实 12 神话原型就是一种特殊的文化原型。

比如，三只松鼠是原创的企业文化 IP，其主要原型属于 12 神话原型中的"照顾者",成为消费者主人忠实的、萌萌的松鼠"仆人"。

好风凭借力,送我上青云。用借力使力的方式,可以让企业文化IP打造变得更轻松、更轻盈、更灵动!

四、打造企业文化IP的终极目的

必须指出,打造企业家IP、组织IP和产品IP的终极目的不是要成为超级网红,构筑所谓的私域流量,再进行所谓的流量变现。

国外并没有"私域流量"这个词。"私域流量"是一个地道的"中国造",不但有公器私用之嫌和法律风险,更有特别明显的功利主义——将用户拉到自己的自留地里,然后割韭菜。迄今为止,没有一家企业是通过打造所谓私域流量上了财富榜的,也没有一家企业通过打造私域流量风光10年以上的。流量注定只能成就"流星",不可能成就"恒星"。网红都有"保鲜期",成不了"长红"。

打造企业家IP、组织IP和产品IP的终极目的是要借助时代宏大叙事,承担社会使命和责任,构筑"企业家—企业—产品"三位一体的企业文化,吸引用户和客户,打造新质文化竞争力。

更重要的是,无论是企业家IP,还是组织IP和产品IP;无论是符号系统,还是故事链和精神内涵,都将以商标、著作权、专利权等知识产权的方式形成企业的独特资产,这才是企业文化IP之所以称为"IP"的内在逻辑。没有知识产权化,不具有独特性、法定性、专有性和财产权无形性等特点,凭什么称为IP呢?

思考: 很多科技型企业借力中国传统文化IP,将它们作为产品名称及商标,比如华为注册麒麟商标,将它作为芯片名称。如果请你策划,你会用哪些传统文化经典IP为产品命名?

第四节
三位一体构建企业新质核心竞争力

> **案例** 特斯拉为什么这么牛

特斯拉总市值5584.21亿美元（2024年3月8日），超过了宝马、奔驰、大众和丰田的市值总和，更超过了中国所有电动智能汽车公司市值的总和。

原因何在？有人分析说，主要是因为特斯拉超强的科技竞争力。特斯拉目前在全球共拥有3404项专利，这些专利属于986个独特的专利族。其中，213项专利是关于电池、电机、电控、整车制造、人机交互和充电桩的技术发明（这些数据可能会随着时间而变化）。虽然特斯拉公开了其中387项专利技术，但只占其总专利数的11%，所以特斯拉其实构筑了强大的电动智能汽车科技竞争力。

有人分析说，主要是因为特斯拉超强的数据竞争力。特斯拉自研了Dojo超级计算机，接管了推特数据中心，在上海建立了超级工厂数据中心，还正在建设特斯拉的第一座专用数据中心。特斯拉数据中心一方面用来存放他们从数百万用户车上回传的数据，另一方面还将满足其在自动驾驶、汽车、机器人等业务日益增长的数据服务需求，同时能向外界提供数据服务。比如，在中国，特斯拉汽车数据服务费用最低为每月9美元（约63元人民币），而要看汽车电影或电视节目每年则需交费230美元（约1600元人民币）。

也有人分析说，主要是因为特斯拉超强的文化竞争力。特斯拉汽车公司的名字是为了纪念天才科学家尼古拉·特斯拉，而打造的尖端科学的 IP 形象。马斯克本人兼工程师与企业家于一身,善于利用互联网将自己打造成超级网红,并且成功地塑造了"硅谷钢铁侠"这一 IP 形象。马斯克带领特斯拉公司完美打造了以"全力以赴""创新""快捷的行动力""归属感"等价值观为核心的、"企业家—企业—产品"三位一体的企业文化。

就像"不幸的家庭各有各的不幸,幸福的家庭都是相似的"一样,失败企业各有各的不同,但成功企业总是相似的。虽然,一千个人眼中有一千个哈姆雷特,但是成功企业还是有一些共性的,尤其是像特斯拉这样的顶尖科技企业。

新质企业核心竞争力是一个以创新、知识为基本内核的关键资源能力组合,是能够使企业在一定时期内保持现实或潜在竞争优势的动态平衡系统。

新质企业核心竞争力的关键资源能力组合是什么呢?要想厘清这一关键资源能力组合,我们还需要先厘清一些"伪关键资源能力组合"。

一、伪关键资源能力组合

"伪关键资源能力组合"有太多种,"营销至上""策划至上""包装至上""品牌至上""IP 至上"等,林林总总,不一而足。

"IP 至上"可以代表上述"伪关键资源能力组合",因为它们的逻辑和本质是一样的。

目前市面上流行的主流 IP 打造理论极其"肤浅",基本停留在三个方面兜兜转转。要么停留在所谓"个人 IP""网红 IP"等方面,涉及"人设""符号""故事""价值观"等,只不过是"个人品牌"换了一个马甲;要么停留在所谓"企业 IP"方面,涉及"企业人格化""企业符号""企业故事""企业文化价值观"等,只不过是"企业品牌"换了一个马甲;要么停留在所谓"文旅 IP""城市 IP"方面,涉及"人格化""符号""故事""文化价值观"等，只不过是"文旅品牌""城市品牌"换了一个马甲。其背后的商业逻辑基本上都是流量逻辑，这就注定了流量来时富贵泼天，流量去时烟消云散。

往浅了讲，流量逻辑的本质和缺陷就是"包装逻辑"和"营销逻辑"。只要包装出"好人设""好符号""好故事""好价值观"等，用一个"好噱头"，借一个"好契机"，策划一个轰动全网的"事件营销"，再来点儿"争议点""反差点""情绪宣泄点""引爆点"，就大火了！

往深了讲，流量逻辑深层的支撑就是"心智魔怔"。

用户心智理论从认知角度来讲非常实用，但如果滥用、过度依赖就有问题，而且定位大师特劳特和里斯也从没有说过"定位至上"的话。

有些人对用户心智理论顶礼膜拜，随意滥用，产生依赖，只把心思专注在"塑造产品或品牌在用户心智中的印象"上，依靠"认知差"，收取"心智税""智商税"来"割韭菜"，并没有专注在产品或品牌背后支撑的科技、知识产权、产品质量等真正需要的地方。这种舍本逐末的做法，其不能持久是天道使然。反观中国很多老板和策划大师做过轰动一时的品牌或爆品，被自己的不思进取反噬，宛如昙花一现，基本没有活过几年。

用户心智理论中的"你是什么不重要，重要的是你在用户心智中是什么"强调的是在横向对比中突出产品或品牌的固有属性对用户的营销策略。随着时代的发展的挑战，技术进步带来产品迭代加速，用户心智理论缺少了在纵向维度上的思考。

用户心智理论产生在信息不发达、用户认知升级慢的年代。然而，在信息极其发达、用户认知升级达到秒速的今天，也应该以辩证观点和发展心态，朝着新质生产力时代进发，让经典理论开出新的"心智理论"之花！

所以，我还需要提醒那些迷失在"伪关键资源能力组合"中的人，用户一旦察觉你不思进取，用心机或者"障眼法"勾兑出来的产品或品牌实际与广告的有出入时，抛弃你就一秒钟——抛弃动作无非"取关""踩你""删除你在他心智中留下的美好印象"，抛弃心态无非就是"鄙视你"！

二、真关键资源能力组合和真 IP 思维

没有知识产权而包装出来的人设、符号、故事、价值观，就不是真正的 IP。有科技含量、数据支撑和文化沉淀的知识产权，才是真正的 IP。同样道理，没有真正研发、数据支撑和文化沉淀，靠自己或者知识产权公司帮助策划拿到知识产权证书的，也不是真正 IP。

因此，在新质生产力时代，打造 IP 要回归本源——知识产权，即支撑 IP 的是科技、数据和文化，它们才能形成知识产权，它们才是新质企业的真关键资源能力组合，是真正的 IP。

从总体上来说，新质企业的核心知识产权包括三项：科技 IP、数据 IP 和文化 IP，分别形成新质科技竞争力、新质数据竞争力和新质文化竞争力，共同构成了新质企业核心竞争力的关键资源能力组合。

新质科技竞争力是新质企业成为新质企业的 DNA。科技 IP 代表了企业的技术创新能力和研发实力。在新质企业中，拥有独特的科技 IP 意味着企业能够在产品或服务上实现差异化，从而在市场上获得竞争优势。科技 IP 不仅可以提升企业的生产效率，还可以降低生产成本，提高产品或服务的质量。

新质数据竞争力是新质企业的"眼睛""神经系统"和"血液"。数据 IP 代表了企业的数据处理和分析能力。在大数据时代，数据已经成为企业的重要资产。拥有强大的数据 IP，企业可以更好地洞察市场需求，优化产品设计，提升用户体验。同时，数据 IP 还可以帮助企业精准吸引顾客，提高商业变现效率。

新质文化竞争力是新质企业的独特灵魂。文化 IP 代表了企业独特

的品牌形象和文化价值。独特的文化IP，对外可以赋予企业独特的市场定位，提升企业的知名度和美誉度，吸引和留住客户；对内还可以增强企业的凝聚力和向心力，吸引和留住人才。

用心打造科技IP、数据IP和文化IP，才是真IP思维。

三、科技IP、数据IP和文化IP的协同效应

当科技IP、数据IP和文化IP相融合时，可以形成强大的协同效应，这种协同效应主要表现在以下几个方面。

1. 创新驱动良性循环

科技创新可以推动数据能力的提升，而数据能力提升又可以指导科技创新的方向。同时，文化和科技、数据的融合可以创造出有竞争力的产品和服务，进一步提升企业的核心竞争力，使新质企业真正实现创新驱动的良性循环，而不是依靠传统的要素驱动，这才是质的飞跃。

2. 生态系统闭环

科技IP、数据IP和文化IP各自具有独特的优势和特点，它们之间可以相互补充。科技IP提供技术支持和创新动力，数据IP提供数据资源和数据能力，文化IP提供内容创意和品牌价值，三者融合产生强大的协同效应，形成一个完整的"科技IP×数据IP×文化IP"生态系统闭环。

3. 商业价值变现的底层逻辑

"商品到货币是一次惊险的跳跃。如果掉下去，那么摔碎的不仅是商品，而是商品的所有者。"

科技IP、数据IP和文化IP成长为新质企业核心竞争力的真正逻辑链是这样的：创新者通过应用最新的科学技术和数据技术，通过市场洞察、技术转化和工艺输出，开发出具有竞争力的产品和服务，吸引用户

买单，实现商业价值变现。在这一逻辑链中，创新者、创新者组织和创新产品三者融合在一起，共同创造了与众不同的新生产方式和新生活方式，从而形成文化IP及新质文化竞争力。所以，科技IP及新质科技竞争力、数据IP及新质数据竞争力是输出，文化IP及新质文化竞争力才是商业价值变现的底层逻辑。

四、新质企业核心竞争力的本质

科技IP、数据IP和文化IP的融合可以形成一个强大的生态系统，推动新质企业创新发展，共同构建新质企业核心竞争力，形成"新质企业核心竞争力黄金三角"，如图5-7所示。

图5-7 新质企业核心竞争力黄金三角

"黄金三角"中，科技顶天，数据立地，文化居中，三者紧密融合，共同延伸出新质企业核心竞争力三个从不稳定到动态稳定的边，构筑企业新质生产力的三道"护城河"，使企业在日新周异的市场竞争和诸多不确定性中保持领先地位，实现可持续发展。

"黄金三角"中的每一个力只有强弱之分，都不可或缺。

缺了科技IP，就像人缺了DNA一样，企业因丧失创新驱动的动力源，沦为一家非科技型的传统企业，最终走向消亡。

缺了数据IP，就像人缺了眼睛、血液和神经系统一样，企业因看不见而判断失误，因循环和传导不灵敏，最终丧失竞争力。

缺了文化IP，就像人缺了灵魂一样，企业就是一家僵尸企业，毫无生气可言，更别奢谈人气和对用户、客户的吸引了。

"黄金三角"只有单项冠军（一强两弱）、双项冠军（两强一弱）、三项冠军（三项都强）三种类型，不允许出现"缺少任意一项"。

因此，科技IP、数据IP和文化IP分别打造企业单项的新质科技竞争力、新质数据竞争力和新质文化竞争力，它们融合在一起，才能形成新质企业核心竞争力。新质企业不应厚此薄彼，而应共同加强这三个方面的投入，努力提升自己的科技创新能力、数据商业能力和文化输出能力，从而构建出强大的企业核心竞争力。

新质科技竞争力的本质在于利用科技赋能产品差异化的创新力，新质数据竞争力的本质在于利用数据进行审时度势的判断力，新质文化竞争力的本质在于利用独特文化连接用户、客户表现出来的吸引力。它们共同融合成的企业核心竞争力的本质就在于提升了企业的核心决策力（见图5-8所示）。

图5-8　企业核心决策力

综上所述，技术革命性突破催生新质科技竞争力；生产要素的创新性配置催生重要的新要素数据，形成新质数据竞争力；技术革命性突破、生产要素的创新性配置以及产业深度转型升级共同融合碰撞而催生新质文化竞争力。

企业新质科技竞争力需要从推动全员科学素质教育、组建科技"魔法师天团"、建设科技创新生态圈、研发并推动科技转化四个方面来打造。

企业新质数据竞争力需要从数字化转型能力、数据治理与安全管理能力、数据驱动决策能力、数据资产化与运营能力四个方面来打造。

企业新质文化竞争力需要从企业家IP、组织IP和产品IP三个方面来打造。

企业要回归IP的本质,确立IP思维,打造科技IP、数据IP和文化IP三大知识产权,这才是企业的新质核心竞争力所在,如图5-9所示。

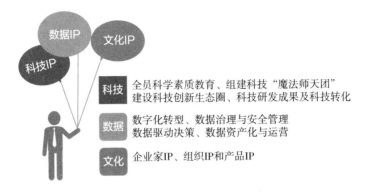

图 5-9　新质企业核心竞争力

科技IP、数据IP和文化IP"新质企业核心竞争力黄金三角"回应了本书开篇提出的"新质生产力黄金三角模型":

科技IP是技术革命性突破的产出。没有科技IP,技术革命性突破就等于没有结果。

数据IP是生产要素创新性配置的产出。没有数据IP,数据就不能成为新质生产力的重要生产要素,生产要素创新性配置就无从谈起。

文化IP是产业深度转型升级的产出。产业深度转型升级成功的评判标准是新产品或新产业变现成功,新产品或新产业变现成功的标准是用户或客户买单,用户或客户买单的前提是用户或客户认可企业家IP、组织IP或产品IP,而它们共同构成了企业的文化IP。所以,没有文化IP,产业深度转型升级就没有与用户或客户的连接器。

思考: 如果你有企业,对照"新质企业核心竞争力黄金三角"框架,你觉得如何提升企业核心竞争力呢?如果你想创业,请用本节的"新质企业核心竞争力黄金三角"框架规划你的企业的核心竞争力。

| 案例分析 |

远东集团新质生产力探索及
新质生产力七字诀

　　本书用我曾经任职的远东股份的母公司远东控股集团有限公司（以下简称"远东集团"）的案例来进一步阐述企业如何发展新质生产力。由于远东股份是上市公司，相关数据将采用公开的资料，涉及商业秘密的会规避。本案例分析为第三方视角独立观点。

远东集团创建于 1985 年，前身为宜兴市范道仪表仪器厂，现为"中国企业 500 强""中国机械工业 500 强""中国最佳雇主企业"，荣获"国家科技进步奖""全国质量奖""中国专利优秀奖"等多项国家级荣誉。目前品牌价值 1018.66 亿元，员工近万人。

集团主营智能缆网、智能电池、智慧机场三大业务，产品广泛应用于智能电网、智能制造、绿色建筑、清洁能源、海洋工程、数字通信、智慧交通等领域，为天宫二号、华龙一号、白鹤滩水电站、港珠澳大桥、大兴国际机场、中国尊、火神山、雷神山医院等多项重要工程提供核心产品、技术支持。

集团历经五次转型、六次飞跃，一直走在自我革命和不断进化的道路上。

从 2011 年数字化转型以来，远东集团一直走在探索新质生产力的道路上。从某种意义上讲，探索新质生产力，是基于集团"创造价值，服务社会"的使命和"共建共享安全、绿色、美好生活"的愿景的主动求索，也是顺应时代大潮的必然选择。

一、设计企业新质经营系统

通过新质经营战略设计、新质企业组织设计、新质商业模式设计和新质运营模式设计四大设计，打造企业新质经营系统。

（一）新质经营战略设计

新质经营战略设计的核心是建立"三柔战略"，即柔性资金链、柔性顾客链和柔性供应链（见图 A-1），将战略

图 A-1　新质经营战略设计的"三柔战略"

变"柔",以适应日新周异的科技革命和产业变革。

1. 柔性资金链

公司的资金链主要来源于上市公司募资、客户采购资金、银行贷款等资金组合。

（1）**上市公司募资**。上市公司募资包括向股民募资，以及向特定对象发行股票等募资方式。比如，2023年12月29日，《2022年度向特定对象发行A股股票预案（二次修订稿）》发布公告称：本次向特定对象发行股票募集资金总额不超过180000.00万元（含本数），募集资金扣除相关发行费用后将用于投资以下项目：1.高端海工海缆产业基地项目，投资总额300000.00万元，拟投入募集资金金额150000.00万元；2.补充流动资金，投资总额30000.00万元，拟投入募集资金金额30000.00万元。合计投资总额330000.00万元，拟投入募集资金金额180000.00万元。

（2）**客户采购资金**。比如，远东股份2024年2月2日发布的《关于子公司中标项目的提示性公告》称：2024年1月，公司收到子公司中标/签约千万元以上合同订单合计为人民币235664.10万元。诸如此类的中标项目，客户是需要分批结算项目资金的。

（3）**银行贷款**。比如，远东股份2024年2月2日发布的《关于为远东电缆有限公司提供担保的公告》称：大丰银行股份有限公司上海分行为远东电缆提供授信服务，公司为远东电缆提供人民币5000.00万元的担保并签订了《最高额保证合同》。需要说明的是，授信服务金额一般是可以贷款的总金额，企业可以根据资金使用进度分批贷款，这样既节约了资金成本，又保证了资金使用时的及时安排。

正是因为创始人蒋锡培的忧患意识，集团通过"上市公司募资＋客户采购资金＋银行贷款＋其他资金"的柔性资金链组合，使得集团没有发生过诸如银行贷款逾期、资金链断裂等爆雷事件。

2. 柔性顾客链

集团的柔性顾客链需要从智能缆网、智慧机场和智能电池三大业务来分析。

（1）**智能缆网业务。**

集团最早的业务公司远东电缆有限公司创建于1985年，主要致力于架空导线、电力电缆、电气装备用电线电缆、特种电缆四大类全系列全规格高品质线缆产品的系统研发、设计、制造、营销与服务，产品广泛应用于清洁能源、智能电网、智能制造、智能交通和绿色建筑等领域，产销连续多年位居行业前茅，服务客户涵盖国内外知名企业，是世界500强、中国500强和行业头部企业等客户的首选品牌。在细分行业市场占有率遥遥领先，其中，风电电缆市占率≈48%，核电电缆三代产品市占率≈60%，光伏电缆市占率≈10%，绿色建筑线缆市占率≈10%，特高压线缆5年相关产品营收>40亿元。

（2）**智慧机场业务。**

集团旗下的智慧机场服务商北京京航安机场工程有限公司成立于2002年，持有机场目视助航工程专业承包壹级、空管工程及弱电系统工程专业承包壹级、场道工程壹级资质，是机场专业科技建设领域的领军企业。累计承建了国内外160多个军民航机场的近700多个项目，先后荣获"中国建设工程鲁班奖""国家优质工程银质奖""中国市政工程金杯奖""市政工程金奖"等多项荣誉。公司为北京首都国际机场、北京大兴国际机场、马尔代夫维拉纳国际机场和安哥拉新罗安达国际机场等高端机场客户提供产品和服务。

（3）**智能电池业务。**

远东电池初创于2009年，现有江西宜春、江苏宜兴两大基地，主营业务涵盖锂离子电池、动力电池组研发、生产、销售及售后服务，累计实现电动汽车总装机量超80000台，电动自行车销量超300万辆，累计为30000户家庭提供储能产品及服务。作为拥有锂电池、模组、系统集成等核心生产环节的垂直一体化生产商，远东电池致力于为客户提供高安全、长寿命、高倍率、高比能、高可靠性的产品及绿色解决方案，并可为客户提供定制化产品及解决方案。在储能市场，远东电池进行了全方位布局，打造了包括发电侧储能、工商业储能、户用储能系统、便携式移动电源等多元化的产品及解决方案矩阵，可满足多场景应用。公司拥有超过100余项知识产权及专利，产品已获得中国、北美、欧洲、日本等国际地区的认证，广泛应用于多个国家和地区，为全球能源转型提供了系统化的解决方案能力支撑。

远东集团的柔性顾客链有两个特点：

第一，极具忧患意识，立足第一增长曲线，适时推出第二增长曲线和第三增长曲线，在创造顾客方面具有高度柔性。

从1985年开始智能缆网业务、2002年开始智慧机场业务、2009年开始智能电池业务可以看出，39年来，公司第二次、第三次创造顾客的时间分别为17年和7年，及时延伸了公司增长的第二增长曲线和第三增长曲线，极大增强了顾客链的柔性。

第二，横跨G端、B端和C端客户，在三类顾客方面都具有柔性。即便是在利润贡献不大的家用线缆方面，集团始终不抛弃，不放弃。其实质不在于利润大小，而在于顾客链柔性组合。

3. 柔性供应链

集团非常重视建设柔性供应链。比如，拿智能缆网业务来说，其供应链包含远东电缆有限公司、新远东电缆有限公司、远东复合技术有限公司、远东海缆有限公司、安徽电缆股份有限公司、远东电气股份有限公司、远东通讯有限公司、远东电缆（宜宾）有限公司等多家子公司，还有一些外协单位，建立了强大的柔性供应链体系，以应对复杂多变的客户要求与市场需求。

总体上讲，集团通过柔性资金链、柔性顾客链和柔性供应链，建立极其柔性的"三柔战略"，在智能缆网、智慧机场和智能电池等领域游刃有余，遥遥领先。

（二）新质企业组织建设

新质企业组织设计的核心就是要遵循"扁平化""自组织化""无边界化"和"企业平台化，员工创客化"四化理念，将组织变"软"，以适应快速变化的市场环境。

1. 企业文化设计

使命：创造价值，服务社会。

愿景：共建共享安全、绿色、美好生活。

核心价值观：以客户为核心，以奋斗贡献者为本，梦想激情、诚信务实、创新创优、自我批判、和灵共赢。

远东集团的企业文化是创始人蒋锡培亲自设计、企业高管和核心员工共同参与讨论、万名企业员工共同用行动打造的。在企业发展过程中，经历多次改动，越来越具有新质生产力的创新文化气息。

2. 组织设计

集团在科研人才、企业家人才、经营人才和金融人才四类人才方面都拥有领军人才。正是基于新人才优势，集团在科技研发、新产品开发、市场拓展和投资并购等领域占尽先机。

集团的员工自组织化与合伙人化领先于国内科技公司。智能缆网业务方面，进入公司较早的业务经理都是公司股东。2022年，远东股份实施第一期员工持股计划，参加对象包括公司及子公司的董事、监事、高级管理人员和核心员工合计 4200 余人中的几百人，比例较高。也就是说业务人才、董监高和核心员工等都是在为自己打工，这就是远东集团战斗力的源泉所在。

远东集团奉行以奋斗贡献者为本，坚持和灵共赢，员工收入较高，又有家的文化，营造出契合新质生产力发展的快乐文化和快节奏文化。

（三）新质商业模式设计

1. 基本原则

新质商业模式设计的基本原则是：简、快、短，如图 A-2 所示。

第一是"简"。集团基本采用"制造 + 服务"的商业模式，既能够赚到制造利润，也能够赚到安装工程服务的利润，同时避免了产品与安装工程的脱节，保证了产品质量与工程质量。

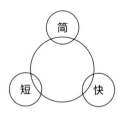

图 A-2　新质商业模式设计基本三原则

第二是"快"。"制造 + 服务"的商业模式相对比较快，主要体现在两个方面：一方面，按需生产，从需求链路到供应链路快速高效。另一方面，基于工程服务的回款一般都是按照进度付款，加上基本是政府和大中型企业客户，信誉较好，商业模式变现较快。

第三是"短"。公司的业务多半是从工厂到客户，环节少，链路短，客户反馈快，保障了商业模式的可持续性。

2. 核心原则

新质商业模式设计的核心原则是：感动，如图 A-3 所示。

图 A-3　新质商业模式设计的核心原则：感动

在供给充足、可替代方案较多的时代，

无论是 G 端客户、B 端客户，还是 C 端客户都变得高度感性。他们不但重视物质需求，更加注重精神需求。

G 端客户和 B 端客户的"感性"在于更加关注企业的知名度、美誉度、企业文化、企业 ESG、员工幸福指数，以及企业家口碑等。

C 端客户的"感性"在于除了关注企业的知名度、美誉度、企业文化、企业 ESG、员工幸福指数，以及企业家口碑之外，还关注产品赋予的美好想象、情绪价值等。

新质商业模式设计的核心原则是"感动"，就是高度重视客户的"感性"，增强商业感性，使商业带"感"，以适应精神需求升级的用户和客户，这也是新质商业模式的底层逻辑。

蒋锡培深谙这一商业底层逻辑。他推动集团在微博、微信、抖音等新媒体平台上开设了官方账号，及时传播集团动态，还鼓励员工通过私人账号发声变成"厂红"。他本人的微博粉丝达到 672 万人，不但是身体力行的"厂红"，更是工业制造界的超级网红。这些都极大地扩大了集团知名度，提升了品牌美誉度，使公司在项目投标中占尽先机。

集团还在阿里巴巴、天猫、京东、苏宁等电商平台上建立了旗舰店，使公司线缆等产品与 C 端用户无缝连接，直接变现。其 B2C 业务有粉丝商业模式的雏形，但如果想扩大这一领域业务，则还需要大力加强粉丝商业模式的优化与迭代。

（四）新质运营模式设计

集团依托"制造 + 服务"的商业模式，匹配了快速反应的运营模式，完成了整个新质经营系统打造的闭环，这里就不再赘述。

二、构建企业新质核心竞争力

集团通过打造新质科技竞争力、新质数据竞争力和新质文化竞争力三大竞争力,并使之高度耦合,共同构建企业新质核心竞争力。

(一)打造企业新质科技竞争力

1. 推动全员科学素质教育

以智能缆网业务为例,集团为员工配备了《电线电缆基础知识》等专业科普手册。还经常聘请专家和集团的工程师为员工进行相关行业知识的科普。比如,集团旗下的远东大学邀请远东厂区厂长助理、工程师韩晓乐担任讲师,专门讲授《成缆工序作业流程与标准》和《挤塑工艺理论知识》等科普知识。

科普学习和业务学习是集团的常规动作,一年四季都会进行,学习后还要参加严格的考试。我在远东股份工作期间,单就电缆知识就高强度学习了一个月。

2. 组建科技"魔法师天团"

集团院士专家工作站与中国工程院孙晋良院士、黄崇祺院士、雷清泉院士,中国科学院姚熹院士以及第三世界科学院牛文元院士五位专家建立了合作关系,通过与院士专家开展科技合作和联合攻关,带动了产业内部一批科技人才的成长,为增强企业科研力量、提升企业核心竞争力奠定了坚实的基础。

同时,集团建立了从工程师到工匠等高技能人才梯队,这些人才梯队保障了科研成果的转化和新产品的开发与迭代升级(见图A-4)。

图A-4 企业科技创新"魔法师天团"

3. 建设科技创新生态圈

远东集团现拥有博士后科研工作站、院士专家工作站、江苏省企业研究生工作站、国家级企业技术中心、国家级认可实验室、江西省锂电池工程研究中心等多个科研基地,与政府、产业、大学、科研机构、创投机构和科技服务机构建立了非常好的互动机制,实现了集团科技创新生态的欣欣向荣。

4. 推动科技研发与成果转化,打造基于科技 IP 的科技竞争力

远东集团积极推动科技研发与成果转化,新产业次第培育,新产品不断研发。其科技研发与成果转化有两个重要特点:一是集团内部科研转化新产品、新产业,二是企业对外投资新科技公司,使之与集团产业互相赋能。

(1)集团内部科研转化新产品新产业。

集团下属公司较多,都以科技创新驱动发展,成为科技创新的一个个桥头堡,互相接力,构成集团科研拼图;又互相角力,比学赶帮超,不断推出新产品,乃至发展新产业。

比如,集团旗下的安缆公司打破国外技术垄断,攻克三代核电站用电缆技术难关,成功研发出适用于"华龙一号"项目的壳内和壳外核级电缆,产品技术达到国际先进水平。这一成就不仅填补了国内空白,也为我国核电事业的稳步发展做出了积极贡献。

又比如,远东复合技术有限公司坚定不移地走专精特新的发展道路,凭借高品质的产品荣获第二批"国家级小巨人企业"荣誉。公司依托江苏省企业技术中心和江苏省(远东)新型特种导线工程技术研究中心,针对智能电网架空输电线路开发了满足输电线路不同应用环境的高导电率导线、大截面导线、大跨越导线、特种导线、碳纤维复合芯导线等 20 余种,其中碳纤维复合芯导线系列为国内首创,公司产品覆盖各

类架空输电线路场景,为国内外导线种类最全的厂家,产品已成功应用于丽枫重冰区线路改造工程、江都—晋陵"长江大跨越"工程、扎鲁特—青州特高压输电工程、昌吉—古泉±1100kV特高压工程等一系列国家重点建设项目。公司注重知识产权队伍建设,现拥有国家企业知识产权先进个人2人、高级知识产权师1人、江苏省知识产权领军人才1人;截至目前公司拥有发明专利129项,其中"ZL201611143869.7一种智能电网用高导电高强度铝合金导线的制造方法""ZL201510684748.2智能电网用高强耐热铝合金单线、导线及其加工工艺"等4项专利获得中国专利奖优秀奖。同时公司还荣获包含"第五届中国先进技术转化大赛银奖""国家知识产权优势企业"等国家级荣誉。

2022年,远东股份实现营业总收入216.80亿元,同比增长3.87%;归母公司股东的净利润为5.52亿元,同比增长3.98%。

(2)对外投资新科技公司,使之与集团产业互相赋能。

远东集团坚持"主业+投资"的企业发展战略,以投资智慧能源、大健康、大消费、大文化、食品饮料、先进制造业、工业自动化、TMT(电信、媒体、科技)等行业企业为重点。其所投资企业在资本市场表现优异,比如天津中翔腾航科技股份有限公司(简称"中翔腾航")在新三板挂牌,股票代码为870183;广东正业科技股份有限公司(简称"正业科技")已经IPO(首次公开上市),股票代码为300410。

其中,中翔腾航成立于2012年,属于高新技术行业(具有专业要求高、进入壁垒高等特点),未来发展空间较大。中翔腾航的无人机技术产品主要应用于在国家电网电力巡检、故障监测、数据采集等领域。基于中翔腾航所处行业的未来高增长以及对智慧能源产业链的协同,2015年远东股份对中翔腾航进行投资,加强了智慧能源在运维监测、终端能效管控环节的业务布局,进一步夯实了智慧能源"规划设计—产品供应—施工安装—运维监测—能效管理—总包服务"全产业链服务盈利模式,促进智慧能源在分布式能源、智慧微网、终端能效管控流量入口、节能云平台以及碳资产管理等能联网的中后端环节的外延发展。

(二)打造企业新质数据竞争力

企业新质数据竞争力需要从数字化转型能力、数据治理与安全管理能力、数据驱动决策能力、数据资产化与运营能力四个方面来打造。

数字化转型方面,集团紧抓制造业发展新机遇,积极推进智能化改造和数字化转型。2023年,新远东电缆有限公司以"远东工业互联网平台"成功入选2023年度江苏省重点工业互联网平台认定名单。2024年,集团将主要推进自动化示范线、仓储物流自动化示范工厂、灯塔工厂、CRM大客户平台,以及一些精益化、数字化项目的落地,通过自动化生产线和智能化管理系统,实现生产过程的数字化和智能化,进一步提高生产效率和产品质量,为营销提供全力支持保障。

经过多年的数字化转型与数据沉淀,集团尤其是远东股份拥有大量的行业数据、用户数据和商业服务数据,在数据决策方面拥有独到的优势。

今后需要大幅提升集团数据资产化与运营能力,这可能会衍生远东集团的第四增长曲线。

(三)打造企业新质文化竞争力

企业新质文化竞争力需要从企业家IP、组织IP和产品IP三个方面来打造。远东集团提出"三品共进"的品牌理念,即采取产品品牌、企业品牌、企业家品牌共同推进的模式,这与企业家IP、组织IP和产品IP打造的理念是完全一致的。2023年,远东集团凭借其卓越的品牌表现及无限的发展潜力,荣获《大国品牌》"2023最具潜力品牌奖"。

2024年是远东创立的第39年,2025年就要满40周岁了。集团推出了"远东厂红计划",邀请所有员工在微博、头条、小红书、抖音、视频号、快手、B站发布远东相关原创内容，集团还将给予表现突出者丰厚的奖金。

蒋锡培在2024年新年年会上提出"始终坚持事业合伙人的机制，尊重人、培养人、成就人，培养一大批有企业家精神的远东人""只有始终向善向上，正心正念，利己达人，义利兼顾，才有开心快乐的每一天，才有更好的生活和未来"，将"和灵文化"提升到"人人都是企业家"的高度。

蒋锡培带领一批创业者共同打造了独特的企业文化——"和灵文化"。"和灵文化"具有深深的创始人烙印——蒋锡培虚心好学，为人谦和；属相属兔，重视敏捷灵动；更具有深深的经营团队烙印。很多人追随蒋锡培10年、20年、30年，共同熔铸了不断升级的"人和＋科技""和灵"新文化。

在新质生产力时代，"和灵文化"或将碰撞出新的时代内涵："和"则"和合四海，更加国际化"，"灵"则"灵动无限，更加智慧化"。这些都是远东集团的源头活水，构成远东集团绵绵不断的新质文化竞争力！

需要说明的是，先有实践，后有理论，理论永远来自实践。我的新质生产力商业方法论就是对远东集团等先进科技企业的新质生产力探索实践的理论总结，但他们做的时候还没有这么一套方法论，却一直在孜孜不倦地探索着。

蒋锡培等中国企业家，在发展新质生产力的道路上会创造出更多的"中国智慧""中国方案"，用实践撰写中国式新商学。

三、远东集团新质生产力探索的启示

打开藏宝洞的口诀是"芝麻开门"，从远东集团新质生产力探索中我们能得到企业发展新质生产力的"口诀"吗？

答案是肯定的!

企业发展新质生产力,首先要设计好新质生产力的"底座"——企业新质经营系统,然后在此基础上构建新质企业核心竞争力。

企业新质经营系统设计包括新质经营战略设计、新质企业组织设计、新质商业模式设计和新质运营模式设计四大设计。构建新质企业核心竞争力包括打造新质科技竞争力、新质数据竞争力和新质文化竞争力三大竞争力。

新质经营战略设计,就是要"变基因",增强战略柔性,使经营战略变"柔";新质企业组织设计,就是要"变形体",增强组织软性,使组织变"软";新质商业模式设计,就是要"变玩法",增强商业感性,使商业带"感";新质运营模式设计,就是要"变速度",加强响应客户速度,使运营变"快"。

因此,设计企业新质经营系统的目标就是增强企业的"柔""软""感""快"。

构建新质企业核心竞争力的核心就是要打造科技 IP、数据 IP,以及文化 IP 三大知识产权,使它们成为企业关键的生产要素,形成企业的科技资产、数据资产和文化资产,并裂变增值。

因此,构建企业新质核心竞争力的目标就是形成企业的"科""数""文"三大资产。

综上所述,企业发展新质生产力的七字诀就是"柔、软、感、快、科、数、文",如图 A-5 所示。

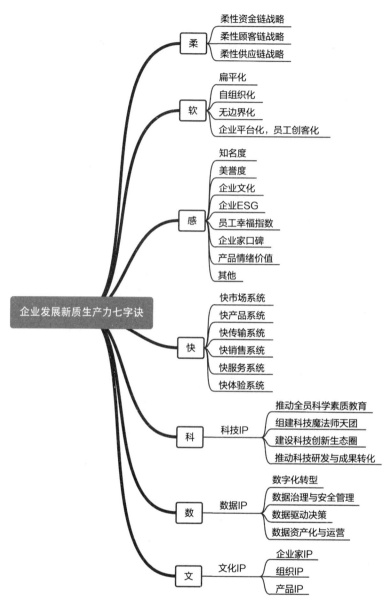

图 A-5 企业发展新质生产力的七字诀

Postscript 后记

为什么我的眼里常含泪水？因为我深爱我的祖国。

为什么我的眼里常含泪水？因为有太多的人让我感动。

位卑未敢忘忧国！

近代，祖国遭受侵略，列强靠的是枪炮。今天，祖国遭受打压和制裁，列强靠的是芯片和高科技。过去，反对侵略，我们靠血肉之躯。今天，反击打压和制裁，我们靠科技创新和发展新质生产力。

发展新质生产力，建立现代化产业体系，实现中国式现代化和中华民族伟大复兴，靠我们这一代人，甚至两代人、三代人。不管多少代，我们学习愚公挖山不止，总有一天将挡住我们前进步伐的大山移走。

发展新质生产力是中国的使命经济，靠企业与国家同使命，靠人民与国家同使命，众志成城，使命必达！

发展新质生产力也是中国科技界的上甘岭战役，抢占科技高地，中国必赢！

发展新质生产力还是中国产业界的诺曼底登陆，攻入发达国家封锁的新兴产业和未来产业腹地，中国必胜！

发展新质生产力更是万众创新之旅，将向世界贡献中国智慧！

我醉歌时君和，醉倒须君扶我。

为了这本书的出版，太多师长和朋友倾情相助。

出版界的周中华、张渝娟、缪永合、刘艳静、何英娇、杨福川等老师都给予了悉心中肯的指导。

陈沛、朱学军、赵秋语、李秀芹、孙海亮、傅雷、王海燕、李志民、唐周敏、李凌寒、孙庆平、李鹏云、张剑波、王先法等朋友提供了很多帮助。

蝎龙读书会北京、十堰、南通、悉尼分会的邱红阳、刘海龙、战俊峰、周敏、张显军、刘爱国、刘洪志、郝新宇、周松、张海鹏、陆澍、孙源、王欣平、袁志平、潘易、潘定林、谢帮奎、艾国、彭海生、李龙、珍妮花、杜娟、胡连霞、陈鸿鹏等企业家对本书提出了宝贵的建议。

更让我感动的是金泓言、吕书海和蒯黎明等几位朋友字斟句酌提出300多条修改意见。

还要感谢李兴等编辑的默默奉献。

更要感谢我的家人，他们让我没有后顾之忧。

空气变馒头、陆地养海鲜、脑机接口、机器人与人类共舞、征服疾病、长命百岁、飞向火星……这些都在一天天变为现实。

还有——

看了这本书的企业家都变成了大IP，中小微企业都变成了独角兽企业，大企业都变成了伟大企业！

看了这本书的科技人都征服了科技高地，留下科技魔法师的传奇！

看了这本书的经营者都创造了惊人的业绩，人才、科技、数据、文化、组织，五子登科，六六大顺！

看了这本书的创业者都融到了资，成了科技创富英雄！

看了这本书的投资人都投到了独角兽，超越了巴菲特！

看了这本书的公务员都晋升一级，成了优秀公务员！

看了这本书的所有人都梦想成真！

这并非书的魅力，而是新质生产力的魅力。

新质生产力，缔造美丽新世界！

欲知新质生产力美丽新世界如何，敬请期待我的下一本作品。

你们的朋友段积超

于湖北武当龙书房

参 考 文 献

[1] 彼得·德鲁克. 管理：使命、责任、实践 [M]. 陈训, 译. 北京：机械工业出版社, 2019.

[2] 加里·哈默, C.K. 普拉哈拉德. 竞争大未来 [M]. 李明, 罗伟, 译. 北京：机械工业出版社, 2020.

[3] 亚历山大·奥斯特瓦德, 伊夫·皮尼厄. 商业模式新生代：经典重译版 [M]. 黄涛, 郁婧, 译. 北京：机械工业出版社, 2016.

[4] 凯文·莱恩·凯勒, 沃妮特·斯瓦米纳坦. 战略品牌管理：创建、评估和管理品牌资产 [M]. 何云, 吴水龙, 译. 北京：中国人民大学出版社, 2020.

[5] 王赫男. 精益 6SIGMA 在 QW 动力集团波峰焊项目中的应用 [D]. 西安：西北大学, 2008.

ISBN：978-7-5043-8879-7
定价：89.00 元

纵览 150 年全球科技产业变迁史
探寻行业变迁与产品兴亡的规律
管理学家汤姆·彼得斯领衔推荐

ISBN：978-7-5454-8312-3
定价：79.00 元

著名创新专家
克莱顿·克里斯坦森审读
哈佛大学资助项目

ISBN：978-7-5454-8257-7
定价：79.00 元

乔布斯好友、苹果前首席宣传官
盖伊·川崎（Guy Kawasaki）
作序并推荐

ISBN：978-7-5043-8932-9
定价：128.00 元

ISBN：978-7-5043-9163-6
定价：99.00 元

分享前沿学知，创新产业变革
致力发掘创新代表性的产业研究案例
助推产学研多元智略的交叉融合与革新发展

ISBN：978-7-5454-8130-3
定价：99.00 元

继《商业模式新生代》及《商业模式设计新生代：如何设计一门好生意》后，作者帕特里克·范德皮尔的又一重磅力作